SOMMAIRE

LA DANSE
DES BALLETS RUSSES
À L'AVANT-GARDE

Jean-Pierre Pastori

DÉCOUVERTES GALLIMARD
ARTS

À la veille de la Première Guerre mondiale, une explosion de rythmes et de couleurs secoue un ballet devenu gris à force de routine. Réunie autour de Diaghilev, la garde montante des danseurs, chorégraphes, peintres et musiciens russes apporte l'éblouissante démonstration que la danse peut être autre chose qu'un aimable divertissement. De Paris à Berlin, les spectateurs ouvrent des yeux émerveillés sur une révolution artistique qui marquera tout le siècle.

CHAPITRE 1

L'ENCHANTEMENT DES BALLETS RUSSES

Qu'il s'agisse de *Schéhérazade* (à gauche, Fokine et Fokina peints par Valentine Gross) ou des *Orientales* (ci-contre, Nijinski par Georges Lepape), les Ballets russes première manière dégagent des fragrances orientales.

1909 : les Ballets russes séduisent Paris

«Qu'en pensez-vous?» s'enquièrent, l'entracte venu, les indécis, qui «n'aiment ni n'osent se tromper» (Jean-Louis Vaudoyer). Le choc est rude, il est vrai. En ce 18 mai 1909, le Tout-Paris que Serge Diaghilev et Gabriel Astruc ont convié à la générale des Ballets russes en prend «plein la figure». Un déchaînement de rythmes sauvages, une orgie de couleurs... les *Danses polovtsiennes* plaquent plus d'un spectateur dans son fauteuil. Czardas, hopak, mazurka, lezginka... la suite de danses de caractère réunies sous le titre *Le Festin* a aussi de quoi donner des fourmis dans les jambes. Il n'est pas jusqu'aux abonnés de l'Opéra qui ne soient épatés, eux qu'une inclination naturelle porte davantage vers les divertissements où tournoient leurs protégées.

L'éclat des artistes n'est évidemment pas pour rien dans le ravissement des spectateurs d'un Théâtre du Châtelet entièrement rénové. Il y a Karsavina, Pavlova, Rubinstein, mais aussi Bolm et Nijinski! Les Parisiens avaient oublié que la danse est aussi un art viril; une révélation que confirmeront les autres programmes mis à l'affiche : *Cléopâtre*, où Nijinski est un esclave, *Les Sylphides*, où il est le Poète... Le succès artistique et mondain de cette saison de ballet russe n'est pourtant pas le premier dont Diaghilev puisse s'enorgueillir.

Avant de se consacrer au ballet, Serge Diaghilev (1872-1929) s'est passionné pour la peinture, la musique et l'opéra (à gauche, avec Fedor Chaliapine). D'ailleurs, sa voix de baryton fait encore les délices du cercle de ses intimes. C'est fort de ces compétences qu'il peut parler d'égal à égal aux peintres et aux compositeurs les plus en vue, de Bakst à Stravinski. Son intuition l'amène à découvrir une multitude de talents, à commencer par Vaslav Nijinski (ci-dessous).

Rêverie romantique, *Les Sylphides* (ci-dessus) montre en quoi Michel Fokine s'ancre dans la tradition et en quoi il s'en détache. Si le décor de Benois suggère une forêt au clair de lune, les prélude, nocturne, mazurkas et autres valses de Chopin – d'où le titre de *Chopiniana* d'abord retenu – sur lesquels s'articule la chorégraphie n'offrent aucune prise à la narration. Tout au plus voit-on un Poète (Nijinski) s'étourdir à la vue des Sylphides, ces représentations de l'éternel féminin.

Diaghilev, l'homme-orchestre

Ni danseur ni musicien professionnel, mais imprésario et organisateur hors pair, Serge Diaghilev a entrepris, en 1907 déjà, de conquérir le public parisien, en présentant cinq concerts de musique russe. Enhardi par un excellent accueil, il a amené, l'année suivante, une superbe production de *Boris Godunov* avec Fedor Chaliapine dans le rôle-titre. Avant même d'avoir terminé ses études de droit, Diaghilev avait compris que son destin était lié aux arts. Pianiste doué, il s'est essayé à la composition. Très sensible également à la peinture, il a mis sur pied diverses expositions, dont une consacrée aux portraits historiques présentée à Saint-Pétersbourg, en 1905. Car s'il fait désormais rayonner l'art russe à l'étranger, c'est après l'avoir servi dans son propre pays.

Diaghilev entend que les innovations apportées par les artistes de son entourage revitalisent les arts de la scène. Il s'est assigné pour objectif de «créer un certain nombre de ballets nouveaux qui, tout en étant pourvus de valeur artistique, établiraient un lien plus étroit que jusqu'alors entre les trois facteurs principaux qui devaient les composer : la musique, le dessin décoratif et la chorégraphie».

Michel Fokine ou le mouvement expressif

C'est en faisant fusionner ces éléments constitutifs du ballet que Diaghilev fait œuvre novatrice. Musique et peinture portent les griffes les plus sûres : qu'il s'agisse de Chopin ou de Borodine, de Bakst ou de Benois. Quant à la danse... Que la quasi-totalité des chorégraphies présentées à Paris, en 1909, aient été réglées par Fokine confirme cette volonté de renouveau. En réaction contre la tradition représentée par les ballets d'un Petipa octogénaire, Michel Fokine ne craint pas d'écrire : «Il suffit d'avoir douté une seule fois pour perdre la foi fétichiste en la valeur absolue des "cinq positions", pour comprendre qu'elles n'épuisent point toute la gamme, toute la beauté des mouvements du corps humain, que la règle fameuse des "reins cambrés", des "bras en couronne" et du "face au spectateur" est singulièrement étriquée.» Et de prôner le développement d'un «art plastique» mieux à même que le vocabulaire académique de traduire les sentiments à exprimer. Pour *Acis et Galatée* (1905), Fokine s'inspire de la statuaire antique. Une référence

Michel Fokine, le chorégraphe des *Sylphides* et de *La Mort du cygne*, ne saurait se restreindre à ces formes d'hommage au ballet romantique. La liberté de mouvement d'une Isadora Duncan comme la fluidité gestuelle des Ballets cambodgiens ont laissé sur lui leur empreinte. Rompant avec les canons de la danse d'école, il conteste le principe de l'«en-dehors» et sollicite le corps tout entier, qui doit être «expressif jusqu'au plus petit muscle». Excellent danseur lui-même, Fokine sera toutefois éclipsé par Nijinski avec qui il partagera des rôles «historiques» dans *Schéhérazade* (ci-dessus, L'Esclave d'or), *Carnaval* ou *Daphnis et Chloé*.

qui se manifestera plus tard dans *Eunice*, ballet exécuté en tuniques grecques et créé sous l'influence d'Isadora Duncan, la danseuse «aux pieds nus». En 1905 encore, il matérialise dans *La Mort du cygne* sa conception d'un mouvement essentiellement expressif. Il ne s'agit pas d'aligner entrechats et arabesques, mais bien de suggérer poétiquement par un travail du corps tout entier cette tension d'un être pris entre la vie et la mort.

Le désir de Serge Diaghilev de présenter à Paris ce que la Russie produit de plus original passe donc par les ballets de Fokine. Et c'est à ce dernier encore que «Serioga» fait appel en 1910 lorsqu'il renouvelle son aventure parisienne. Au programme, cette fois, les marivaudages de *Carnaval* et les séductions orientalisantes de *Schéhérazade*, deux ballets estampillés Bakst; un *Oiseau de feu* ravageur décoré par Golovine, mais dont le public retient surtout la musique décapante d'Igor Stravinski. Plusieurs chorégraphes interviennent, en revanche, dans la suite de danses *Les Orientales*. «Je n'ai jamais rien vu d'aussi beau», s'exclame Marcel Proust.

En Anna Pavlova (ci-dessous dans *Cléopâtre*, 1909), Fokine trouve une interprète – et, à l'occasion, une partenaire – d'élection. C'est pour elle qu'il règle *La Mort du cygne*, *Le Pavillon d'Armide*, *Une nuit d'Égypte* et la seconde version de *Chopiniana*. Mais les innombrables tournées que la ballerine mène à travers le monde, à la tête de sa propre compagnie, entravent cette collaboration. Tamara Karsavina prend le relais et crée notamment les premiers rôles féminins des *Sylphides*, de *L'Oiseau de feu*, du *Spectre de la rose* et de *Pétrouchka*.

Néanmoins, en cette année 1910, Diaghilev ne se borne pas à exporter à Berlin, Paris et Bruxelles, artistes et répertoire du Maryinski de Saint-Pétersbourg. Il propose des créations. En effet, si *Carnaval* a été monté quelques mois plus tôt en Russie, *Schéhérazade*, *L'Oiseau de feu* et *Les Orientales* constituent autant de pièces nouvelles.

Une compagnie permanente... et itinérante

L'émancipation des Ballets russes procède-t-elle de la seule volonté de Diaghilev ou résulte-t-elle d'un concours de circonstances? Ce qui est certain, c'est que fin janvier 1911, au Maryinski, le costume moulant de Benois que Nijinski porte dans *Giselle* est jugé indécent par les prudes. On murmure que l'impératrice est choquée. En tout état de cause, le danseur est invité à envoyer sa démission. Il s'exécute, voyant dans cette occasion la possibilité de reprendre sa liberté.

Ainsi est-ce autour de Nijinski que Diaghilev construit une compagnie permanente. Enrico Cecchetti, célèbre maestro d'origine italienne – il fut le premier Oiseau bleu de *La Belle au bois dormant* –, assure la classe quotidienne. Jusqu'ici les danseurs étaient engagés pour la durée de leurs vacances d'été. Nombre d'entre eux préfèrent désormais l'incertitude de voyages au loin à la sécurité des théâtres impériaux de Saint-Pétersbourg et de Moscou. De multiples tournées sont prévues : la survie des Ballets russes est à ce prix. Outre Monte-Carlo et Paris, étapes déjà régulières, Diaghilev signe en 1911 avec Rome

Dépoussiérant, innovant, Benois pourvoit Albert, au second acte de *Giselle*, d'un splendide costume composé d'un maillot et d'un très court justaucorps. En effet, Nijinski (ci-contre) se refuse à porter les hauts-de-chausse réglementaires. En dépit d'une interprétation exceptionnelle – «il me semblait que Nijinski n'avait jamais atteint une pareille perfection», écrit Karsavina, sa partenaire –, le danseur est poussé vers la porte de sortie. C'est tout bénéfice pour les Ballets russes qui, multipliant les spectacles (ci-dessus, tournée en Allemagne, représentée par Macke), vont développer une activité permanente.

et Londres. La marquise de Ripon, l'une de ses protectrices, s'est si bien entremise que les Ballets russes sont intégrés aux festivités accompagnant le couronnement de Georges V, à Covent Garden. «On sait maintenant que les Russes sont les meilleurs danseurs du monde», commente le critique du *Times*.

L'elfe Nijinski

Le processus de régénération mis en œuvre par Diaghilev s'incarne dans la personne de Vaslav Nijinski. Comme l'atteste Karsavina, «aux dépens de son originalité, Nijinski s'était vaillamment efforcé de se conformer au type traditionnel du danseur jusqu'au jour où Diaghilev-le-sorcier le toucha de sa baguette magique. Son masque d'adolescent, simple et peu attirant, tomba tout à coup, révélant une créature exotique, féline, un elfe qui narguait les conventions artificielles et la raideur des préjugés.»

Une compagnie indépendante n'a d'autre choix que d'effectuer tournée sur tournée. En 1913, Diaghilev, qui craint la mer, ne participe pas au voyage en Amérique latine (Brésil, Argentine, Uruguay). Et ce n'est que contraint et forcé qu'il prend la tête de la première tournée nord-américaine de 1916 (ci-dessus). Rien n'arrête, en revanche, Anna Pavlova, sa concurrente, qui se produit jusqu'en Inde et en Australie... À partir de 1922, Diaghilev aura toutefois une base semi-permanente – six mois par an – à Monte-Carlo.

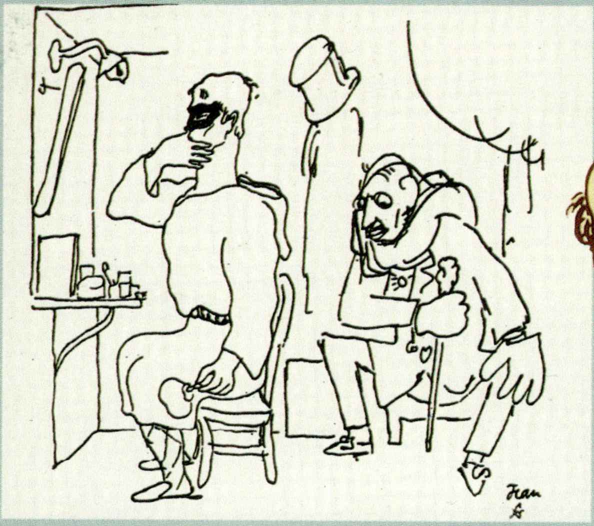

Nijinski, dont Cocteau dit que «d'âme et de corps, il n'est que déformation professionnelle», est magique en scène. Sitôt le rideau levé, tout en lui devient beauté. À Paris comme à Londres, des salles entières sont sous le charme du *Spectre de la rose* (au centre, dessin de Cocteau), le ballet de Fokine décoré par Bakst où Nijinski s'envole littéralement. «C'est très simple, explique-t-il : vous sautez et vous vous arrêtez en l'air pendant un moment.»

Stravinski (en haut, à gauche, dans la loge de Nijinski) exprimera des réserves sur le chorégraphe. Mais il exalte le génie du danseur. Le couple que Karsavina (ci-contre) forme avec Nijinski dans *L'Oiseau de feu* fait sensation. «Des centaines d'yeux nous suivaient, on entendait voler des exclamations : "Il est prodigieux!" et des murmures pleins de respect : "C'est elle!"»

Les spectacles de Diaghilev ne sont en rien comparables à ceux d'Anna Pavlova (en bas, à gauche, *Feuilles d'automne*). De tempérament conservateur, la grande ballerine attend moins de ses programmes une effervescence artistique qu'un écrin apte à la mettre en valeur.

En Nijinski, Diaghilev trouve l'instrument de ses rêves, apte à emblématiser ce que sa compagnie apporte de plus détonnant : des chorégraphies courtes signées Michel Fokine, qui décapent la danse classique; des décors et des costumes luxuriants de Bakst et de Benois qui tranchent sur le terne carton-pâte des routiniers du décor théâtral.

Bien que ne prenant pas directement part au processus de création, Diaghilev ne lui est pas étranger pour autant. Il y a tout lieu de penser que le premier des quatre ballets de Nijinski, *L'Après-midi d'un faune* (1912), porte aussi sa marque. L'adoption d'un nouveau vocabulaire inspiré des bas-reliefs égyptiens, mais très peu dansant, la modernité du propos avec cet orgasme final du faune sur le voile de la nymphe – du jamais vu... Autant d'éléments qui suffisent à déclencher une controverse. Fokine – courroucé par l'émergence d'un nouveau chorégraphe – se dit révolté par la «laideur» du ballet. Le public du Châtelet est divisé, la presse aussi. Sous le titre «Un faux pas», le directeur du *Figaro* condamne : «Nous avons vu un faune incontinent, vil, aux gestes d'une bestialité érotique et d'une lourde impudeur.» Et Rodin de répliquer dans *Le Matin* : «Dans aucun autre rôle, Nijinski n'est aussi merveilleux et admirable que dans *L'Après-midi d'un faune.* [...] Tout son corps exprime ce que dicte son esprit. Il possède la beauté des fresques et des statues antiques.»

Le Sacre n'est dansé qu'une demi-douzaine de fois, au printemps 1913! 74 ans plus tard, Millicent Hodson et Kenneth Archer proposeront au Joffrey Ballet une reconstitution de la chorégraphie de Nijinski, fondée notamment sur les croquis de Valentine Gross (ci-dessus).

«Au théâtre, il n'y a pas d'ami»

Diaghilev n'a pas peur du scandale. Il montre même une propension à le rechercher. Il est comblé le 29 mai 1913, avec la création du *Sacre du printemps* de Stravinski, dans une chorégraphie de Nijinski. Au Théâtre des Champs-Élysées dont c'est la saison d'ouverture, les spectateurs venus admirer la virtuosité et la grâce des danseurs sont décontenancés devant la violence de leurs tressautements – pieds en dedans, poings soutenant leur tête penchée... Le bruit est tel que les interprètes ont peine à suivre la musique.

Le départ de Fokine, que la concurrence des ballets de Nijinski agace, ne dérange guère Diaghilev. Il tient le chorégraphe du *Spectre* et de *Schéhérazade* pour «un artiste usé, qui a parcouru sa route trop vite et qui s'épuise à chaque nouvelle épreuve». Par ailleurs, le mariage de Vaslav Nijinski avec la jeune Hongroise Romola de Pulszki, à l'automne de cette même année 1913, amène Diaghilev à se priver des services du danseur-étoile pour lequel il avait pourtant monté sa compagnie. Tourner la page lui paraît s'imposer. Il fera de même, avec Bakst et Benois, auxquels il préférera bientôt deux autres peintres russes très en vue, Natalia Gontcharova (*Le Coq d'or*, 1914; *Les Noces*, 1923) et Michel Larionov (*Soleil de nuit*, 1915; *Chout*, 1921). «Au théâtre, estime Diaghilev, il n'y a pas d'ami.»

Autre expression des vues novatrices de Nijinski, *L'Après-midi d'un faune* (en bas, Charles Jude, Opéra de Paris, 1991) déclenche une polémique. Celle-ci est pourtant sans commune mesure avec le scandale du «Massacre du printemps». «Ce fut comme si la salle avait été secouée par un tremblement de terre, note Valentine Gross. Elle semblait vaciller dans le tumulte. Des hurlements, des injures, des hululements, des sifflets soutenus qui dominaient la musique, des gifles, voire des coups.» Le rideau tombé, Diaghilev ne cache pas sa satisfaction à Stravinski (Larionov représente ici les deux hommes avec un corps de chien; le troisième, à gauche, n'est autre que le jeune chorégraphe Léonide Massine).

C'est à deux peintres pétersbourgeois, Alexandre Benois et Léon Bakst, que les Ballets russes doivent une large partie de leurs premiers succès. Tous deux ont appartenu au comité de rédaction de la brillante revue *Mir Iskusstva* (*Le Monde de l'art*) que Diaghilev a publiée de 1898 à 1904. Diaghilev dont Benois – l'auteur des décors et costumes du *Pavillon d'Armide*, des *Sylphides*, de *Giselle* et de *Pétrouchka* – relève le « talent de manier les hommes, [le] grand entendement des affaires, et, ce qui était surtout précieux, [l'] idéalisme fanatique et [le] désintéressement ». (En haut, à gauche, rideau de scène d'une production ultérieure de *Pétrouchka*, Opéra de Paris, 1948 ; en bas, photographie de la création, Théâtre du Châtelet, 1911).

À Bakst reviennent, en revanche, *Cléopâtre*, *Carnaval*, *Schéhérazade*, *Le Spectre de la rose*, *L'Après-midi d'un faune* et *Le Dieu bleu* (ci-contre, dessin du costume de Nijinski, 1912)... autant d'occasions de pur émerveillement.

S'il appelle à nouveau Nijinski, en 1916, c'est sur l'insistance du Metropolitan Opera de New York qui fait de la venue du grand danseur la condition *sine qua non* d'une tournée nord-américaine salvatrice. Faute d'autres débouchés, l'Europe étant en pleine tourmente, Diaghilev fait contre mauvaise fortune bon cœur. Et s'il consent lui-même à traverser l'Atlantique, il s'abstient de participer à une seconde tournée *coast to coast*, laissant à Nijinski la direction de la compagnie. Il prend ses quartiers à Madrid, d'abord, puis à Rome où il élabore les créations d'après-guerre.

Les départs successifs de Fokine et de Nijinski incitent Diaghilev à leur chercher un successeur. C'est à Moscou, à l'occasion d'un ultime voyage en décembre 1913, qu'il découvre Léonide Massine. Le jeune homme – il n'a que 18 ans – est tôt guidé vers la chorégraphie (ci-contre, *La Boutique fantasque*, 1919). « Quand le talent est là, on peut faire un chorégraphe en un rien de temps », commente Diaghilev.

C'est sous les meilleurs auspices que Massine fait ses premières armes de chorégraphe.

Pour *Le Tricorne* (ci-dessus, 1919) comme pour *Parade*, il a le privilège de travailler avec Pablo Picasso. Et c'est Ernest Ansermet qui dirige l'orchestre.

Des Ballets russes de plus en plus européens

Le dernier voyage de Diaghilev en Russie remonte à 1913. Insensiblement, son répertoire s'européanise. Déjà *Le Dieu bleu* (1912) avait pour compositeur Reynaldo Hahn (et Cocteau pour librettiste), *L'Après-midi d'un faune*, Debussy, *Daphnis et Chloé*, Ravel

et *La Légende de Joseph* (1914), Richard Strauss. Dans ce dernier ballet, Bakst figure encore à l'affiche des Ballets russes comme auteur des costumes, mais les décors sont du peintre espagnol José Maria Sert. Au fil des tournées de cette compagnie sans base permanente, Diaghilev noue de nouveaux contacts, trouve d'autres idées. De ses divers séjours en Espagne procède *Le Tricorne* (de Falla, 1919), de ses vacances en Italie, *Pulcinella* (Stravinski, d'après Pergolèse, 1920). Si *La Boutique fantasque* (Rossini, d'après Respighi; décors de Derain, 1919) consacre le talent de chorégraphe de Léonide Massine, ce ballet marque aussi le début de la fructueuse collaboration que Diaghilev va développer avec les représentants les plus éminents de l'école de Paris : de Matisse (*Le Chant du rossignol*, 1920) à Rouault (*Le Fils prodigue*, 1929) en passant par Laurencin (*Les Biches*, 1924) et Braque (*Les Fâcheux*, 1924), sans oublier Picasso, lequel signe la décoration de plusieurs ballets essentiels comme *Le Tricorne*, *Pulcinella*, *Cuadro Flamenco* et *Parade* (livret de Cocteau, 1917).

Pour rester au pinacle, Diaghilev doit faire l'événement. Sa seconde décennie à la tête des Ballets russes n'apaise pas sa fringale de nouveautés – «Étonne-moi!» intime-t-il à Cocteau –; de nouveauté pour la nouveauté, à en croire certains de ses collaborateurs, à commencer par Stravinski et le chef d'orchestre Ansermet. Cette option esthétisante

En 1917, *Parade* marque le retour des Ballets russes à Paris, après trois années d'activité réduite du fait de la guerre. Et suscite une nouvelle controverse. Le cubisme envahit la scène! Sous la forme d'un défilé d'artistes de foire, un prestidigitateur chinois (à gauche, Massine), une petite fille américaine (ci-dessous, Maria Chabelska), un couple d'acrobates, Arlequin, un cheval… donnent un aperçu de leurs numéros; cela, avec le support de deux bonimenteurs, deux «managers» géants, sortes de sculptures ambulantes. L'orchestration d'Erik Satie comprend une machine à écrire, une roue de loterie, des sirènes et un revolver…

ssage artistique de Diaghilev, même ballets-phares déclenchent encore des tels *Apollon Musagète* (Stravinski, 1928) *Le Fils prodigue* (Prokofiev, 1929), tous deux chorégraphiés par George Balanchine.

Prenant la relève de Bakst et Benois et avant d'être eux-mêmes éclipsés par d'autres peintres, Michel Larionov (ci-dessous, décor de *Chout*, 1921) et

Natalia Gontcharova (en bas, *Les Noces*, 1923) concilient l'exubérance folklorique et une rigueur qui peut tendre à l'abstraction.

Une Russie nouvelle est en construction

La chute de la monarchie tsariste en 1917 et, par là, les bouleversements politiques et sociaux – deux ans de guerre civile, des déportations massives – ont poussé Balanchine, comme tant de ses compatriotes, à quitter la Russie. En été 1924, à la faveur d'une tournée effectuée avec trois camarades, il a auditionné devant Diaghilev. Bien lui en a pris! Bientôt catapulté maître de ballet, il va partager avec Massine ce qui constituera les dernières créations des Ballets russes. C'est à Massine précisément – de retour après une brouille momentanée – que revient le «soviétique» *Pas d'acier* (1927). Sur une musique de Prokofiev, des décors et costumes du constructiviste soviétique George Yakulov, et avec le jeune Serge Lifar, autre transfuge, en tête d'affiche, ce ballet a pour thème «la production socialiste, l'image de la Russie nouvelle en construction».

Tous les espoirs paraissent, en effet, permis. À Petrograd comme à Moscou, la protection du premier commissaire soviétique

à l'Éducation, Anatoly Lunacharski, permet à une remuante avant-garde de s'exprimer, qu'elle se rattache au constructivisme ou au futurisme. Alors que Meyerhold transforme la mise en scène théâtrale, Kasian Goleizovski chorégraphie des pièces novatrices tel *Le Ballet satanique* (1922, musique Prokofiev, décors Alexandra Exter) qui marquent Balanchine. Fedor Lopukhov se montre à la fois gardien de la tradition en remontant les grands classiques – *Raymonda, Harlequinade, Le Lac des cygnes*... – et tenant du modernisme en produisant *Le Tourbillon rouge* (1924) ou *Le Boulon* (musique

Chostakovitch, 1931), des ouvrages qui relèvent de l'agit-prop.

L'industrialisation n'est pas sans déteindre sur les arts. *L'Usine* d'Alexander Mossolov date de 1927. Des *Danses de la machine* sont réglées, ici et là, où s'enchaînent des mouvements mécaniques, inspirés, par exemple, par la rotation des roues d'une locomotive. Mais cet élan créatif, qui bouscule aussi livret, scénographie, mise en scène et musique, ne sera que de brève durée. En abattant sa chape de plomb sur l'URSS, le stalinisme le brise net. C'en est fini notamment des recherches du Laboratoire choréologique de Lev Lukin – mouvements très physiques, acrobatiques, presque érotiques. À compter des années trente, tout ce qui n'est pas réalisme socialiste – une conception utilitaire de l'art – est tenu pour décadent...

Du fait de la Révolution, Diaghilev a perdu quasiment tout contact avec son pays natal. La saison parisienne du Théâtre Kamerny, en 1923, avec les décors constructivistes d'Exter et de Yakulov, lui fait l'effet d'une révélation. Il décide alors de présenter un « ballet soviétique ». C'est *Le Pas d'acier* (1927; ci-contre, maquette de Yakulov) pour lequel Diaghilev espère vainement obtenir le concours de Goleizovski ou d'autres jeunes chorégraphes d'URSS. Ne parvenant pas à ses fins, il confie cette création à Massine.

Dans sa critique du *Pas d'acier*, Pierre Lalo souligne « le paradoxe des Ballets russes. Avec un sujet à peu près inintelligible, avec une mise en scène d'une sévérité si dure, et qui sacrifia si peu aux grâces, ils sont parvenus à donner dans les dernières scènes, celles de l'usine, une sensation assez forte d'interprétation du travail par la danseuse, de transposition du mécanisme dans la chorégraphie, pour que, la puissance de la musique animant, excitant et soulevant le tout, le public le moins fait pour des jouissances si austères ait éclaté en applaudissements ».

Une nouvelle avant-garde, les Ballets suédois

Pour les Ballets suédois de l'industriel-mécène Rolf de Maré (ci-contre, debout), Darius Milhaud (assis au piano) compose *L'Homme et son désir* (1921) et *La Création du monde* (1923). Il participe également à l'aventure bouffonne des *Mariés de la tour Eiffel* (1921) avec quatre de ses camarades du Groupe des Six : Georges Auric, Arthur Honegger, Francis Poulenc et Germaine Tailleferre. Comme le note Rolf de Maré, «il en fut de ce ballet comme de toutes les œuvres neuves, décrié, puis admiré, il obtint dans la suite un succès éclatant». Entre 1921 et 1925, pas moins de cinquante représentations seront données des *Mariés de la tour Eiffel*.

L'Homme et son désir bénéficie des décors de Audrey Parr (maquette à droite). Cette structure à la verticale intéresse Milhaud qui organise l'espace sonore sur le modèle de l'espace scénique : «Au troisième étage, d'un côté, un quatuor vocal, de l'autre, le hautbois, la trompette, la harpe et la contrebasse. Au deuxième étage, de chaque côté, les instruments de percussion. Sur un côté du premier étage : la flûte, la petite flûte, la clarinette, et la clarinette basse, et de l'autre côté, un quatuor à cordes.»

Imité et parfois égalé, Diaghilev doit faire face à la concurrence que lui livrent d'autres mécènes épris de ballet. L'après-guerre se singularise par une effervescence artistique à laquelle la danse ne saurait rester étrangère. En 1924, à l'enseigne des Soirées de Paris, le comte Étienne de Beaumont commande à Massine un bouquet de premières : *Salade* (musique Milhaud, décor Braque), *Mercure* (Satie; Picasso), *Le Beau Danube* (Strauss; Polunine)... Plus engagé artistiquement, Rolf de Maré fait de ses Ballets suédois, de 1920 à 1925, une vitrine de la création contemporaine. Toutes les chorégraphies porteront le sceau de Jean Börlin, danseur en rupture de l'Opéra royal de Suède dont Fokine, son professeur, dira plus tard qu'il était «celui qui me ressemblait le plus».

Installé à Paris, lieu géométrique de toutes les audaces, Rolf de Maré reprend lui aussi le principe de la conjugaison des arts, suscitant des collaborations roboratives. Après de sages débuts avec, notamment, *Iberia* (1920) d'Albeniz, décoré par Steinlein, et une très suédoise *Nuit de la Saint-Jean*, il permet à Cocteau de reprendre une formule explosive déjà expérimentée avec *Parade* et *Le Bœuf sur le toit*. Les très controversés *Mariés de la tour Eiffel* (1921) associent les musiciens du groupe des Six (moins Louis Durey) à Irène Lagut qui réalise les décors et à Jean Hugo qui produit les costumes et les masques. Également masqués, les protagonistes de *L'Homme et son désir* (1921), œuvre «brésilienne» de Paul Claudel et Darius Milhaud, évoluent sur les quatre niveaux d'une «scène verticale». «C'est la danse éternelle de la Nostalgie, du Désir et de l'Exil», commente Claudel. «Lamentable bouffonnerie de la plus lugubre extravagance», répond un critique…

“Jean Börlin [ci-dessus] est au niveau des matelots, des mulâtres, des nègres; […] aux antipodes des Russes, de la tradition française émigrée à Saint-Pétersbourg.”
Blaise Cendrars, 1924

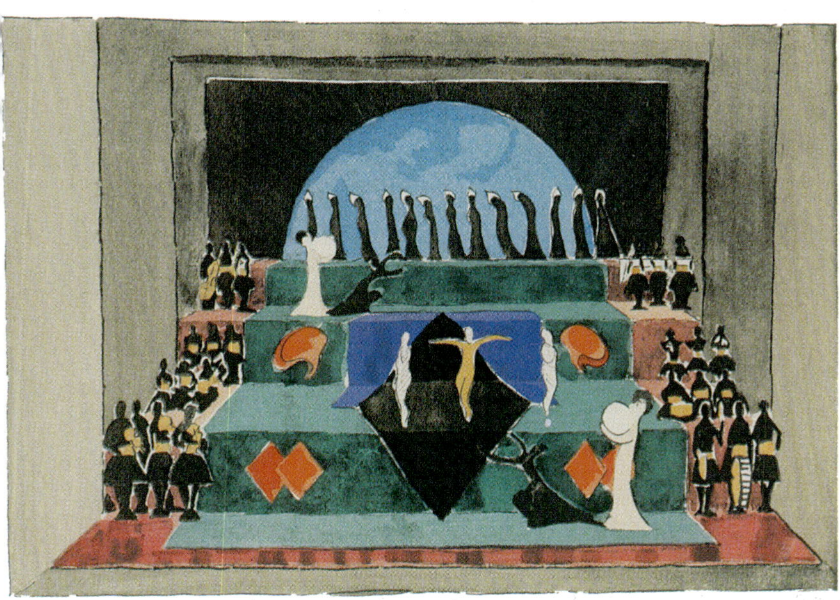

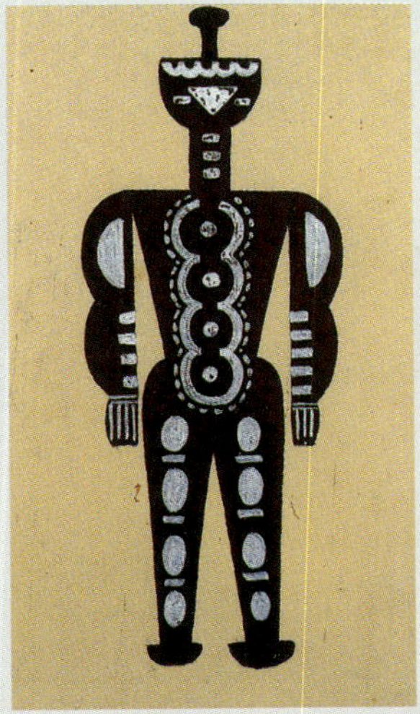

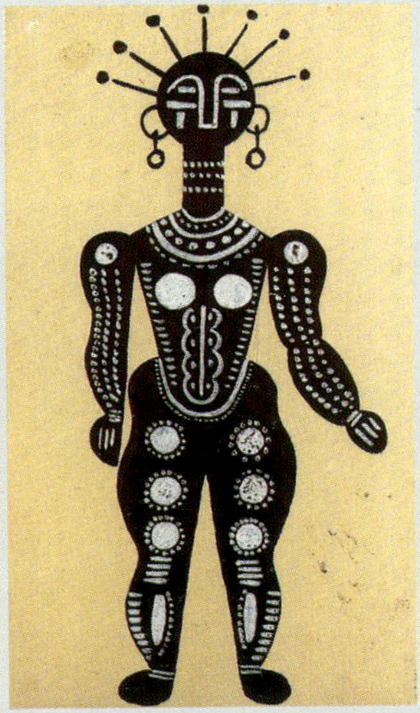

Exemple parfait de symbiose entre créations poétique, musicale, picturale et chorégraphique, *La Création du monde* (1923) compte au nombre des grands succès des Ballets suédois. Thème de ce «ballet nègre» : la naissance de la Terre et du Ciel, l'apparition de la vie et de l'homme, l'union d'un couple. À l'instar de toutes les autres chorégraphies de Jean Börlin, cette *Création du monde* s'est perdue dans les brumes du souvenir. N'en subsistaient que le texte de Cendrars, la partition de Milhaud et les maquettes de Léger (ci-contre, en haut).

Forts de leur expérience antérieure – ils avaient déjà reconstitué avec succès *Le Sacre du printemps* de Nijinski et *Skating Rink* de Börlin, notamment –, Millicent Hodson et Kenneth Archer sont partis une nouvelle fois à la recherche des pas perdus. Leur reconstruction de *La Création du monde* pour le Ballet du Grand Théâtre de Genève en 2000 (à gauche et ci-contre en bas) tient davantage de la pantomime que de la danse. Pas plus aujourd'hui qu'en 1923, les danseurs harnachés de volumineux costumes ne sont libres de leurs mouvements.

Arthur Honegger, Fernand Léger et le poète Riciotto Canudo signent *Skating Rink* (1922), ballet de patineurs évoquant, selon André Levinson, la «danse macabre de la cité moderne». Sous cette égide suédoise toujours, Satie et Picabia font *Relâche* (1924), ballet instantanéiste en deux actes et un *Entracte cinématographique* (de René Clair). «*Relâche* est le bonheur des instants sans réflexion», prévient Picabia. La provocation est à son comble. Rolf de Maré sait que la voie est sans issue. Comme il n'entend pas revenir sur ses propres pas, il dissout sa compagnie. Jean Börlin ne survivra pas longtemps à ses Ballets suédois – si peu suédois, en fait : ils n'ont donné qu'une courte série de représentations dans leur pays d'origine. La maladie l'emportera cinq ans plus tard à New York, à l'âge de 37 ans.

L'ardeur mystique d'Ida Rubinstein

C'est sous l'aile de Diaghilev et de Fokine qu'Ida Rubinstein a conquis le public parisien (*Cléopâtre*,

S*kating Rink* (ci-contre et page de droite) se veut un poème dansé, subtile évocation du patinage à roulettes *indoor*, très en vogue à l'époque – en témoigne également le film *Charlot patine*. Le programme publié lors de la création, à Paris, en 1922, précise que «le patinage représente ici l'angoisse sensuelle qui pousse les êtres les uns vers les autres et suscite les chocs, les unions, toutes les harmonies et toutes les désharmonies de l'amour et de la haine». Comme ceux de *La Création du monde*, costumes et décors portent la griffe de Fernand Léger.

Schéhérazade). Bien que plus tragédienne que danseuse, elle met à contribution son importante fortune pour passer commande d'une multitude de créations. C'est sans trop de mal qu'elle décide compositeurs et écrivains. « Voilée de rêve et de douleur », cette belle Juive d'origine ukrainienne « à l'ardeur mystique » (D'Annunzio) fascine. Avec Debussy, le poète italien lui dédie *Le Martyre de saint Sébastien* (1911). Ravel lui offre son *Boléro* (1928) dont Bronislava Nijinska règle la chorégraphie, Stravinski *Le Baiser de la fée* (1928), Honegger et Claudel *Jeanne au bûcher* (1938). Des chorégraphies de Börlin pour les Ballets suédois comme de celles que Fokine et Nijinska règlent pour les Ballets Rubinstein ne subsisteront que de rares traces... Tous les pas ou presque sont oubliés. Mais du moins l'histoire de la musique s'est-elle enrichie de quelques chefs-d'œuvre de plus.

Après avoir brillé au firmament des Ballets russes, Ida Rubinstein crée sa propre compagnie. C'est pour elle que Gabriele D'Annunzio écrit en 1911 son *Martyre de saint Sébastien* (en médaillon), Bakst signant les décors et costumes. La danse y occupe la portion congrue, mais en éphèbe rayonnant, Rubinstein fascine son public.

« J'ai vu beaucoup de belles choses, je n'en ai vu aucune qui puisse se comparer en beauté à ce qu'une telle créature offre pour nos regards, écrit Robert de Montesquiou. Qui saurait oublier, de ceux qui l'ont vu à travers leurs larmes, l'adolescent chaste, lié au tronc du laurier, vêtu de cordes qui l'enserrent, lors desquelles surgit, seule, l'élégante émaciée ? »

Au début du siècle, le renouveau que connaît le ballet n'exclut pas le développement parallèle d'un processus de rupture. Sur la West Coast, aux États-Unis, des pionnières rejettent tout ce que représente la danse classique, si étrangère à leur culture. La réforme, pour ne pas dire la révolte, qu'exprime la «modern dance» est éthique autant qu'esthétique.

CHAPITRE 2

MADE IN AMERICA

C'est en 1926, à propos de Martha Graham (à gauche), qu'est née l'expression «modern dance»; une expression «générique», employée par commodité, qui recouvre pourtant des réalités multiples. (Ci-contre, Merce Cunningham, *Event*, 1995.)

Isadora Duncan danse sa vie

Quand Isadora Duncan jette ses chaussons aux orties pour danser nu-pieds, elle dit non à tout un mode de pensée. Plus question de se soumettre aux diktats de chorégraphes, compositeurs, costumiers, voire de librettistes. La danse selon Isadora est exaltation de soi et communion avec le monde. Par ses gestes et ses mouvements, la danseuse entend exprimer la vérité de son être. Elle n'a pas le sentiment de donner une représentation : elle danse sa vie.

Les quelques cours de ballet qu'elle prend, enfant, à San Francisco ne répondant pas à son attente, Isadora Duncan rejette précocement le système académique. Ce n'est pas la vision d'une ballerine en tutu qui la motive, mais le rythme des vagues du Pacifique. Le tremblement des feuilles des arbres lui suggère des mouvements de bras, de mains, voire de doigts. Rien d'étonnant, dès lors, à ce qu'elle finisse par faire figurer parmi ses « maîtres à danser » (et à penser) le Jean-Jacques Rousseau de *L'Émile* et le poète américain Walt Whitman (*Feuilles d'herbes*) qui vit lui aussi en accord profond avec la nature.

La quête d'Isadora Duncan reste celle d'une danse « expression divine de l'esprit humain ». Non narrative, elle exclut tout décor; un rideau

Voyant dans les dieux grecs le symbole des forces naturelles, Isadora Duncan (ici en récital, dans *L'Illustration*) part à la rencontre de l'art antique. Elle envisage même l'édification d'un temple de la danse à Kopamos, près d'Athènes.

de fond suffit. Mais si Isadora proscrit les partitions de ballet, elle se nourrit en revanche de la musique, que celle-ci soit jouée par un pianiste accompagnateur ou par tout un orchestre symphonique. Les hautes ambitions qu'elle assigne à son art la portent vers Bach, Liszt, Schubert, Wagner...

Isadora (ci-dessus) emprunte à la civilisation hellénique la tunique qui voile à peine, et qui ne met aucune entrave à la liberté de mouvement : marche, saut, course... Si l'époque le lui permettait, elle se dépouillerait de tout. «La nudité, c'est la vérité, c'est la beauté, c'est l'art!, proclame-t-elle. Seule la danseuse l'a oublié, qui devrait d'autant mieux s'en souvenir que le corps humain lui-même est l'instrument de son art.»

De New York à l'Europe

Recherchée, célébrée par la «société» européenne, Isadora Duncan n'en garde pas moins une indépendance d'esprit propre à choquer les bien-pensants. Son féminisme la détourne du mariage. Prônant l'amour libre, elle a trois enfants, qui mourront précocement, d'autant de pères différents. S'enflammant pour la Révolution russe, elle danse l'*Internationale* et se dit aussi rouge que sa tunique. Elle ouvre un studio à Moscou sur le modèle de ses écoles allemande (Berlin), française (Meudon) et américaine (New York). C'est en Europe aussi que sa compatriote Loïe Fuller mène l'essentiel de sa carrière. La première, elle recourt à l'électricité pour réaliser de fascinants effets de lumière. Ses *Féeries fantastiques* (*Danse serpentine, Danse du feu*) sont obtenues à grand renfort de projections de couleurs sur des voiles déployés à l'aide de longues perches. Incarnation de l'art nouveau, «La Loïe» inspire peintres et écrivains, Auguste Rodin, Toulouse-Lautrec et Anatole France notamment. Les traces qu'elle laissera seront d'ailleurs plus picturales et littéraires que chorégraphiques.

LES FEERIES FANTASTIQUES DE LA LOÏE FULLER

Denishawn et la tentation de l'Orient

En revanche, tout autre est l'impact de Ruth St Denis dont le partenariat avec Ted Shawn offre un berceau à la modern dance américaine. Ruth St Denis se fait connaître en montant des numéros de danse orientale, comme *Radha* en 1906 et *Yogi* en 1908. Ted Shawn partage l'intérêt de « Miss Ruth » pour ces drames exotiques, dansés nu-pieds, dont l'authenticité n'est pas la vertu cardinale. La musique de *Radha* n'est-elle pas empruntée à Léo Delibes? À la suite de *The Garden of Kama* (1915), leur première production commune, ils signent à eux deux une kyrielle de spectacles dont la thématique est empruntée aux civilisations lointaines, de la Grèce (*Les Mystères dionysiaques*, 1920), au Mexique (*Xochitl*, 1921).

Dans ce ballet d'inspiration toltèque, le rôle principal féminin est dansé par la jeune Martha Graham, une élève de l'école Denishawn (appellation issue de la contraction de St Denis et de Shawn) de Los Angeles. Car l'exigence spirituelle qui porte les deux chorégraphes et qui s'exprime dans les spectacles de leur compagnie n'exclut nullement l'élaboration d'une méthode d'enseignement. C'est de cette pédagogie que procède la danse moderne. Ruth St Denis met l'accent sur une mobilisation du corps tout entier, sans

Dès 1931, Ruth St Denis et Ted Shawn (ci-contre) suivent des chemins différents. Elle enseigne, écrit et se voue à sa « Society of Spiritual Arts », dont l'objet est de développer une forme globale d'art religieux. Lui, constitue une troupe exclusivement masculine afin de prouver que la danse peut être un métier d'homme. Et de multiplier, à cette fin, les performances athlétiques : danses de matelot (*The French Sailor*, 1933), danses de soldats (*Call to Arms*, 1936), danses sportives (*Olympiad*, 1937-1938), danses évoquant le labeur humain (*Dance of the Dynamo*, 1936).

doute empruntée à la danse orientale. Bras, épaules, tronc acquièrent une autonomie multi-axiale. De son côté, Ted Shawn élabore une technique de danse masculine qu'il esquisse, en 1917 déjà : « Les mouvements de l'homme dérivent de l'attaque de l'escrimeur, du balancement du faucheur, du geste large du bûcheron qui abat de grands arbres : ils partent de l'épaule. »

Ted Shawn, adolescent, ambitionne de devenir pasteur, mais une trop forte dose de vaccin contre la diphtérie le laisse partiellement paralysé. Pour lui, la danse sera, tout d'abord, une manière de se remettre sur pied (ci-dessus, dans le rôle de Tepancaltzin, empereur des Toltèques, dans *Xochitl*, 1921).

Ted Shawn et ses « Men Dancers »

Cet ancien étudiant en théologie a acquis la conviction que le danseur occidental doit retrouver la place centrale que les autres cultures lui réservent. Pendant près de vingt ans, les démarches de Ruth et de Ted s'harmonisent. Les ballets « exotiques » comme *Balinese Fantasy* (1924) ou *The Cosmic Dance of Shiva* (1926) constituent autant d'opportunités de développer un langage chorégraphique masculin.

À l'instar d'Isadora, Ted Shawn milite en faveur d'une danse dépouillée de toute ornementation superflue. Dans *Death of Adonis* (1923), solo inspiré par la statuaire grecque, il ne porte qu'un cache-sexe : « Je n'ai pas de doute que bientôt nous pourrons danser pratiquement nus. »

Après avoir étudié à Denishawn, Martha Graham (à gauche) y enseigne. De 1919 à 1923, elle appartient à la compagnie des deux pionniers. Suivent deux saisons aux Greenwich Village Follies et la création de son propre groupe (1926) avec lequel elle s'efforce d'échapper à l'influence orientalisante de Ruth St Denis.

D'ailleurs, le naturisme sera largement pratiqué au Jacob's Pillow, dans le Massachusetts, où il installera ses «Men Dancers», la troupe qu'il dirigera de 1933 à 1940. Comme Isadora, là encore, Ted Shawn a la conviction que le corps et l'esprit ne sauraient être séparés, non plus que l'art et la religion. Ainsi ne se prive-t-il pas de chorégraphier des negro spirituals tels que *Nobody Knows the Trouble I've Seen* ou *Go Down, Moses* (1933). À ces spectacles s'ajoutent les conférences-démonstrations et les stages que Shawn multiplie. Les universités américaines – en premier lieu Bennington College, dans le Vermont, puis Connecticut College – constituent déjà des lieux d'accueil où la modern dance trouve les conditions de son développement futur. En théoricien, Ted Shawn publie plusieurs ouvrages, notamment *Every Little Movement* (1954) qu'il consacre au Français François Delsarte. De l'analyse systématique des relations entre le geste et l'émotion qu'a effectuée ce dernier, il retire la conviction qu'un rôle central doit être laissé au torse mobile, et non rigide comme dans le classique.

Divisé en douze sections, *Kinetic Molpaï* (1935) est interprété par un groupe de huit danseurs (ci-dessous) et par un soliste. Pour l'historien de la danse moderne Don McDonagh, cette pièce a «l'énergie du piston qui est associée aux massives machineries. Mais son architecture est basée sur le thème de la descente et de la résurrection que Shawn a observé dans les danses de beaucoup de cultures». Repris en 1962 au Jacob's Pillow – la ferme de Ted Shawn accueille désormais un festival –, *Kinetic Molpaï* sera même inscrit, dix ans plus tard, au répertoire de la compagnie d'Alvin Ailey. En revanche, à l'instar de la quasi-totalité du répertoire de Shawn et St Denis, *Dance of the Dynamo* (page de droite, en haut) est à jamais oublié.

Vers plus de technique, Martha Graham

Il faut plusieurs années à Martha Graham (ci-dessous) pour tracer son propre chemin. Ses premières pièces – *Deux Valses sentimentales, From a XII Century Tapestry, Flute of Krishna* (1926) – sont encore décoratives. Le tournant est pris en 1929 avec *Resurrection, Vision of the Apocalypse* et surtout *Heretic* où la jeune chorégraphe abandonne l'exubérance des costumes de Denishawn pour se couvrir de robes austères.

Rien de surprenant à ce que Ted Shawn soit considéré comme le «père de la danse américaine». Outre les negro spirituals déjà mentionnés, son répertoire intègre toute une série de thèmes «nationaux» : danses indiennes (*Ponca Indian Dance*, 1936), jazz (*Jazz Decade*, 1937), sport (*Basket Ball Dance*, 1937)... Sitôt son indépendance acquise (1923), son élève Martha Graham confirmera cet intérêt pour la culture continentale. «Au danseur américain, je dis "connais ton pays"», explique-t-elle. De cette affirmation de son identité naîtront entre autres *American Provincials* (1934) et *Appalachian Spring* (1944). En revanche, Martha Graham ne tarde pas à rejeter l'exotisme de Ruth St Denis. Ce qu'elle emprunte à la danse orientale est plus technique; ce sont les positions accroupies ou agenouillées; non les chromos qui l'avaient pourtant fascinée, adolescente, lorsqu'un spectacle réunissant *The Cobras, Yogi, Radha, Egypta*... avait confirmé sa vocation de danseuse. «Ruth St Denis a ouvert pour moi une porte que j'ai franchie», reconnaît-t-elle.

D'une longévité et d'une fécondité rares – soixante ans d'activité à tout le moins –, la chorégraphe qu'est Martha Graham se double d'une interprète exceptionnelle. Elle laisse une empreinte profonde sur les personnages qu'elle met en scène, telle la fiancée d'*Appalachian Spring* (1944, sur une musique d'Aaron Copland, ci-contre). Avec une telle personnalité, rien d'étonnant à ce qu'elle domine non seulement sa génération, mais celles qui suivent, au point de devenir l'icône de la modern dance. Et d'occulter le rôle joué par les autres pionnières que sont Ruth St Denis, Doris Humphrey, Hanya Holm... Décrétée « Trésor national » par le président Ford, Martha Graham se verra même honorée de la médaille de la Liberté, la plus haute distinction civile accordée aux États-Unis.

En quête de spiritualité

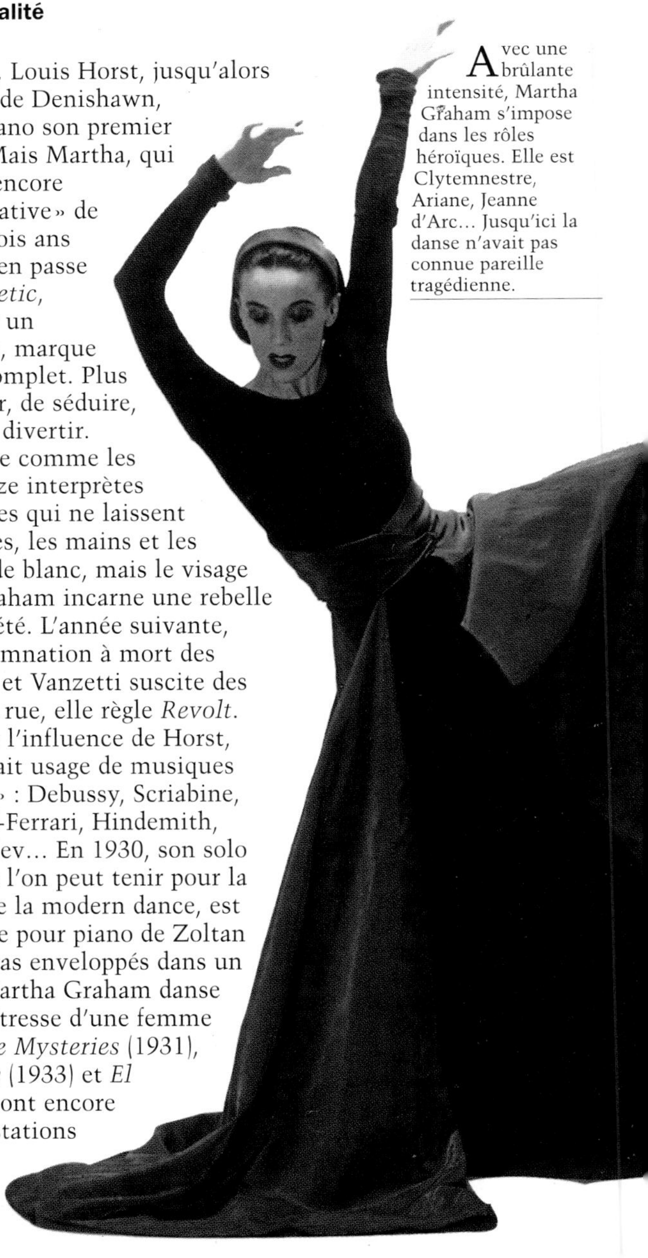

Avec une brûlante intensité, Martha Graham s'impose dans les rôles héroïques. Elle est Clytemnestre, Ariane, Jeanne d'Arc... Jusqu'ici la danse n'avait pas connue pareille tragédienne.

En avril 1926 déjà, Louis Horst, jusqu'alors directeur musical de Denishawn, accompagne au piano son premier récital de danse. Mais Martha, qui se cherche, subit encore l'influence «décorative» de Ruth St Denis. Trois ans plus tard, elle est en passe de se trouver. *Heretic*, chorégraphie pour un groupe de femmes, marque un changement complet. Plus question d'étonner, de séduire, de dépayser ou de divertir. La danse est sévère comme les costumes des douze interprètes – des robes sombres qui ne laissent voir que les visages, les mains et les pieds nus. Vêtue de blanc, mais le visage fermé, Martha Graham incarne une rebelle rejetée par la société. L'année suivante, alors que la condamnation à mort des anarchistes Sacco et Vanzetti suscite des manifestations de rue, elle règle *Revolt*.

Sans doute sous l'influence de Horst, Martha Graham fait usage de musiques «contemporaines» : Debussy, Scriabine, Ravel, Satie, Wolf-Ferrari, Hindemith, Honegger, Prokofiev... En 1930, son solo *Lamentation*, que l'on peut tenir pour la pierre angulaire de la modern dance, est réglé sur une pièce pour piano de Zoltan Kodaly. Tête et bras enveloppés dans un tissu élastique, Martha Graham danse alors, assise, la détresse d'une femme éperdue. *Primitive Mysteries* (1931), *Frenetic Rhythms* (1933) et *El Penitente* (1940) sont encore autant de manifestations d'une quête de spiritualité.

Dans les années quarante, le tragique de l'existence humaine lui inspire tout un cycle « grec », tels *Night Journey* (1947) où Jocaste revit son destin et *Errand into the Maze* (1947), ce vagabondage dans le labyrinthe du cœur. Fascinée par la psychanalyse jungienne, Martha Graham explore chorégraphiquement ce qu'elle appelle les « sombres prairies de l'âme ».

Cinquante-trois années de scène!

Interprète exceptionnelle, elle enlumine la plupart de ses créations en campant des figures dominatrices, voire castratrices telle *Clytemnestra* (1958). Et ce n'est qu'au terme de cinquante-trois années de carrière que, couverte d'honneurs, elle quittera la scène! En revanche, elle continuera à chorégraphier jusqu'à quatre-vingt-dix ans passés! Exclusivement féminine à ses débuts, sa compagnie s'ouvre aux hommes en 1938. Erick Hawkins – qu'elle épousera –, Merce Cunningham ensuite, Bertram Ross, Stuart Hodes, Paul Taylor, Robert Cohan compteront parmi ses partenaires de prédilection.

Dark Meadow (1946, ci-dessus) se présente comme un rituel célébrant les mystères de la naissance, de la vie, de la mort et de la renaissance. Martha Graham incarne « Celle qui cherche », May O'Donnell « Celle de la terre » et Erick Hawkins « Celle qui appelle ». La musique est signée Carlos Chavez; le décor est de Isamu Noguchi, sculpteur, né de mère américaine et de père japonais, dont la collaboration avec Martha Graham remonte à 1934.

Proscrivant les cadres et les toiles traditionnelles, Martha Graham impose une scénographie tridimensionnelle qu'emblématisent les objets et accessoires du sculpteur Isamu Noguchi (*Errand into the Maze, Night Journey*). Elle renouvelle aussi le costume de scène qu'elle dessine elle-même. Si elle couvre le corps de ses danseuses, elle dénude en revanche celui des danseurs, qu'elle veut athlétiques. Son travail valorise l'effort, le mouvement devant se charger de force dramatique. « La danse ne doit pas être qu'un art, c'est-à-dire un mensonge imaginaire ou un beau rêve oublié, elle doit être un acte, une participation à la vie et une nécessité. »

Concentrant l'énergie dans la colonne vertébrale qu'elle tient pour un « arbre de vie », Martha Graham fait partir le mouvement du centre du corps, autour du plexus solaire. Elle voue une extrême attention à la respiration, au point d'en adopter la bipolarité inspiration-expiration sous la forme de la « contraction » et de la « détente » (*release of tension*). À l'inverse du ballet où des phases de préparation précèdent certains pas, le mouvement grahamien paraît continu. Il intègre la chute – en douceur, en spirale, en arrière... – ainsi que des récupérations – *recoveries* – à terre. D'ailleurs, ce n'est pas à la barre, comme dans la danse classique, mais par un travail au sol que débute la classe Graham.

Humphrey-Weidman : un engagement social

À Denishawn, Martha Graham côtoie Doris Humphrey. Outre un talent de pédagogue évident, celle-ci montre de prometteuses dispositions pour

À l'instar de leurs maîtres Ruth St Denis et Ted Shawn, Doris Humphrey et Charles Weidman (ci-dessous et à droite) montent une compagnie commune appelée à danser leurs chorégraphies respectives. Leurs choix musicaux sont éclectiques : Bach, Brahms, Copland, Wallingford Riegger, Lionel Nowak, ou le silence... Excellents interprètes eux-mêmes, Humphrey et Weidman sont toujours en tête de distribution.

la chorégraphie. C'est sous l'égide de Ruth St Denis qu'elle imagine *Tragica* (1923), danse dépourvue de tout accompagnement musical : une première! Charles Weidman, l'un de ses élèves, partage avec Doris Humphrey une vision engagée de son art. Lorsque, en compagnie de la pianiste Pauline Lawrence, Humphrey et Weidman quittent Denishawn (1928), c'est pour se consacrer à une œuvre forte, au large registre, mais où se reflètent aussi les tensions sociales et politiques de l'époque. Le krach de 1929 et la dépression qui a suivi ont mis à la rue des millions de chômeurs.

Pour Doris Humphrey (ci-dessus, à ses débuts dans *Hoop Dance,* 1924), le mouvement du danseur est «le résultat d'un équilibre. En fait, toute ma technique se ramène à deux actes, s'écarter d'une position d'équilibre et y retourner. Il s'agit ici d'un problème bien plus complexe que celui de "se maintenir en équilibre", qui relève de la musculature et de la structure du corps. Tomber et se ressaisir constituent l'essence même du mouvement, de ce flux incessant qui circule dans tout corps vivant, jusque dans ses plus infimes parcelles».

Encore sous l'influence de Denishawn, Charles Weidman n'échappe pas tout de suite à l'orientalisme de Ruth (*Japanese Actor*) ni aux thèmes emblématiques de Ted (*Dance of Work*; *Dance of Sport*). La compagnie Humphrey-Weidman lui offre pourtant champ libre pour développer son propre discours où l'humour trouve souvent sa place. Ainsi *Flickers* (1941) tient-il de la satire des films muets. Il n'en reste pas moins que c'est par ses commentaires sociaux qu'il s'impose d'abord. Le triptyque *Atavisms* (1936) réunit *Bargain Counter*, *Stock Exchange* et *Lynch Town*.

«The Art of Making Dances»

Doris Humphrey définit sa technique en ces termes : «Le mouvement se situe sur un arc tendu entre deux morts.» Les deux morts en question désignent métaphoriquement les positions d'immobilité : verticale (debout) et horizontale (couché). Bipolaire à l'instar de la plupart des techniques modernes, elle oscille entre le *fall* et le *recovery*, entre la chute et le redressement – le *contraction* et *release* de Graham. Ainsi se trouve mis en jeu un facteur proscrit jusqu'ici : le *déséquilibre*. Pour raison de santé, Doris Humphrey cesse de danser en 1944 et se voue à l'enseignement et à la chorégraphie. Son livre *The Art of Making*

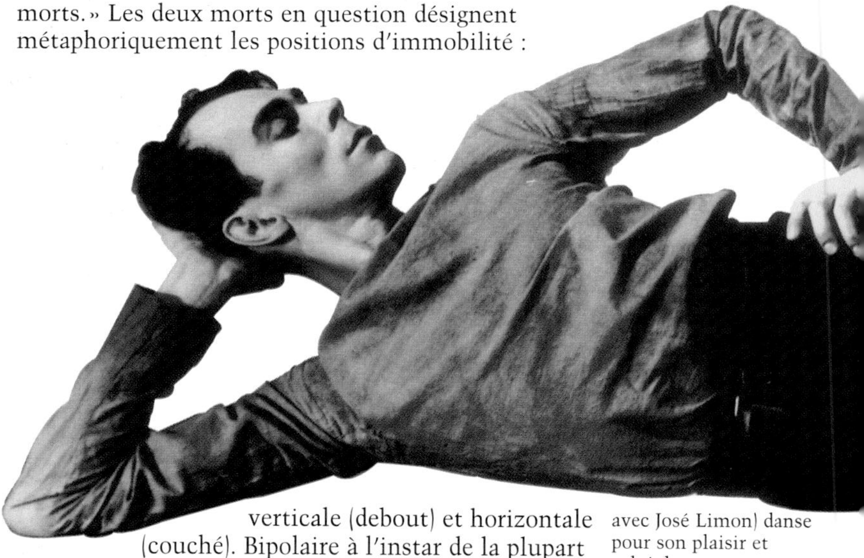

Doris Humphrey s'illustre dans un registre grave. *The Shakers* (1930) est un sombre rituel renvoyant aux danses extatiques de la secte du même nom. À l'inverse, Charles Weidman ne répugne pas à traduire la légèreté de la vie. Un registre inhabituel durant ces années trente où la danse moderne se fait un devoir de mettre le doigt sur les plaies sociales. Weidman (ci-dessous et à droite avec José Limon) danse pour son plaisir et celui des spectateurs. Qu'il s'agisse de *Opus 51*, où il exprime la pure joie du mouvement, ou de *And Daddy Was a Fireman*, où il décrit avec ironie la lutte des pompiers contre le démon «feu».

Dances offre la somme de ses expériences; des expériences qu'elle poursuit d'ailleurs au sein de la compagnie de José Limon dont elle assure la direction artistique.

Disciple de Humphrey et Weidman, membre de leur troupe, José Limon est le prototype de l'élève qui dépasse son maître. Mais sans jamais cesser de lui témoigner sa reconnaissance : «Humphrey l'innovatrice, Limon le continuateur», a-t-il

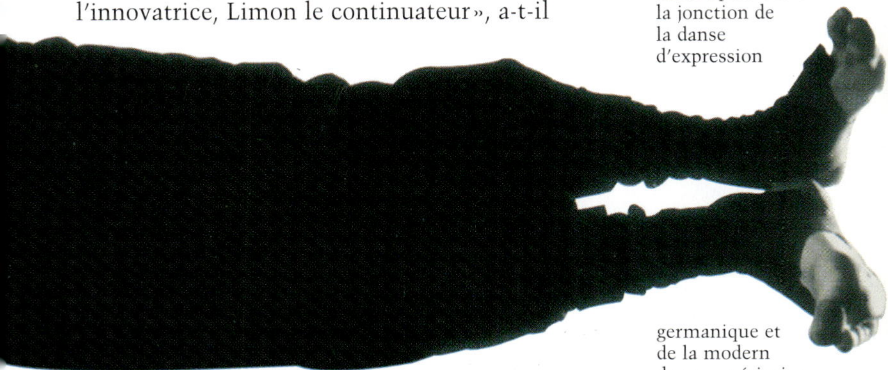

coutume de dire. Ce fils d'immigré mexicain découvre la danse au travers d'un récital des Allemands Harald Kreutzberg et Yvonne Georgi. De la guerre d'Espagne résulte une *Danza de la Muerte* (1937) qui met à la fois en cause l'armée, l'Église et les possédants. Toute son œuvre est d'ailleurs dédiée à «la grandeur de l'esprit humain et la tragédie fondamentale de l'homme».

Si José Limon appartient déjà à la seconde génération des «modernes», Hanya Holm fait encore partie du cercle des pionniers avec Graham, Humphrey et Weidman. D'origine allemande, elle ouvre à New York, en 1931, une antenne de l'école Wigman. Ainsi opère-t-elle la jonction de la danse d'expression germanique et de la modern dance américaine. Chorégraphe (ci-dessus, *Trend*, 1937, son chef-d'œuvre sur l'injustice sociale), mais aussi excellente pédagogue, Hanya Holm forme une kyrielle d'élèves, parmi lesquelles Valerie Bettis, Glen Tetley et Alwin Nikolaïs.

La tentation de Broadway

Spécificité américaine, les figures de proue de la danse moderne prennent bien soin de se réclamer d'une «danse sérieuse», par opposition à la danse de divertissement qu'affichent les «vaudevilles» et autres revues. Mais le paradoxe veut que nombre d'entre eux travaillent pour les scènes commerciales. Martha Graham fait un bref passage aux *Greenwich Village Follies*, Doris Humphrey chorégraphie *Sing Out, Sweet Land*, Hanya Holm *Kiss Me, Kate*... Quant à Helen Tamiris, l'une des plus engagées dans la dénonciation

De 1944 à 1955, Helen Tamiris met entre parenthèses le «concert dance» – et notamment les negro spirituals dans l'interprétation desquels elle flamboie – pour se vouer à la comédie musicale. Elle chorégraphie différents shows de Broadway, parmi lesquels *Annie Get your Gun* (1946, ci-contre). La musique d'Irving Berlin réunit allégrement le monde du cirque et les grandes légendes du Far West telles que Buffalo Bill et Sitting Bull... *Show Boat* (ci-dessus), de Jerome Kern et Oscar Hammerstein II, met en scène les artistes qui se produisent à bord du bateau à roue *Cotton Blossom*, sur le Mississippi.

de toutes les injustices durant ces terribles années trente, elle règle les danses de nombreuses comédies musicales de Broadway : entre autres, *Up in Central Park*, *Annie Get your Gun*, *Showboat*. Nécessité financière? Sans doute, mais aussi désir d'atteindre le plus grand nombre, d'extraire son art de la semi-obscurité des petits théâtres pour lui offrir la lumière des grandes scènes. Une démarche qui n'est guère différente de celle qui lui fait monter la revue *The People's Bandwagon* dans le cadre de la campagne de réélection de Franklin D. Roosevelt, en 1944. «Ce qu'il y a d'excitant dans cette tournée, dit-elle, c'est de savoir que la danse peut contribuer à l'élection d'un président.»

L'héritage noir : de Katherine Dunham à Alvin Ailey

À l'inverse, ce n'est qu'après avoir innervé le music-hall que la danse ethnique, qu'elle soit afro-américaine ou amérindienne, trouve sa juste place dans le paysage de la modern dance. Des premières revues aux comédies musicales, les artistes noirs imposent leur sens du swing et leur habileté à faire résonner leurs claquettes. Katherine Dunham n'échappe pas à la règle, qui apparaît à Broadway dans *Cabin in the Sky*. Mais cette anthropologue, auteur d'une thèse sur les danses de Haïti, ouvre une école qui, de 1945 à 1955, constitue le creuset de la danse noire américaine (Antilles comprises). La troupe exubérante et colorée qu'elle emmène en tournée jusqu'en Europe compte dans ses rangs le jeune Alvin Ailey.

À la fin des années trente, lorsque débute Katherine Dunham (en bas, dans un *Cakewalk*), les seuls Noirs qui dansent font des claquettes ou du burlesque dans des spectacles de music-hall. À l'extrême, tous les interprètes du show *St. Louis Woman* (en haut) sont de couleur. Le Blanc Lester Horton n'en effectue pas moins un travail de pionnier en étudiant les danses ethniques : *Voodoo*, *Pueblo Ceremonial*...

Dans le creuset du XIXe siècle américain, un riche métissage musical et chorégraphique se développe : le jazz. Inventée par les Noirs, reprise par les Blancs, la jazz dance investit, dès 1920, music-halls et théâtres. Son swing séduit les plus larges publics. C'est ainsi qu'un Jack Cole peut quitter le circuit des night-clubs pour s'imposer à Broadway et à Hollywood. Une technique dite «modern jazz» prend forme, notamment sous l'influence des Matt Mattox, Luigi et Gus Giordano. Moins rigide que le classique, plus spontanée que le contemporain, elle fait florès dans les cours d'amateurs.

De *Blues Suite* à *Pas de Duke* (D. Ellington) en passant par *Revelations* (sur des negro spirituals; en bas), Alvin Ailey n'a de cesse de magnifier sur scène le patrimoine musical afro-américain. Pourtant, loin de se limiter au seul jazz, l'Alvin Ailey American Dance Theater offre un large aperçu de la modern dance, avec des «revivals» de K. Dunham et P. Primus comme avec des créations de B. Wilson (à gauche, en haut, *The Winter in Lisbon*), J. Jamison (au centre, *Hymn*) ou J. W. Jo Zollar (à droite, *Shelter*).

Formé à la modern dance par Graham et Holm, passé lui aussi par la comédie musicale, le jeune Alvin Ailey est un chorégraphe en puissance. *Blues Suite* (1958) et *Revelations* (1960) lui valent un succès immédiat, qui ne se démentira pas. Exclusivement noir, à ses débuts, puis multiracial, l'Alvin Ailey American Dance Theater jette des ponts : entre le chorégraphe-résident et d'autres créateurs (à commencer par Pearl Primus, une

pionnière de la « black dance »), entre « entertainment » et danse à message, entre chorégraphie abstraite et ballet narratif, entre cultures noire (*Pas de Duke*, *Suite Otis*) et blanche (ballets de Louis Falco, Jennifer Muller, Lar Lubovitch...).

La révolution chorégraphique déclenchée par Merce Cunningham (à droite) atteint également les costumes et les décors Les premiers se réduisent parfois à de simples tenues de répétition. Mais tout comme les décors, ils peuvent porter les signatures les plus illustres de l'art américain comme Robert Rauschenberg (à gauche, *Summerspace*, 1958, avec Carolyn Brown et Viola Farber), Andy Warhol (page de droite, *Rainforest*, 1968), Robert Morris, Frank Stella et Jasper Johns.

Mais Cunningham ne vise nullement le « Gesamtkunstwerk », l'œuvre d'art totale, cher à Wagner et, sous une autre forme, à Diaghilev. Pourquoi le costume devrait-il entretenir des relations plus étroites avec la danse que la musique? Le mouvement se suffit à lui-même.

La révolution Cunningham

C'est en rupture avec Martha Graham que s'inscrit Merce Cunningham au tournant des années cinquante. Jusqu'ici la modern dance n'a jamais dérogé aux canons du spectacle : perspective frontale, argument ou, à tout le moins, thème, décors et costumes caractérisés, coordination avec une musique prédéterminée. Sous l'influence des artistes qu'il rencontre à Greenwich Village et au Black Mountain College (Caroline du Nord), sous l'impulsion aussi du compositeur John Cage, Merce Cunningham remet en question tout ce qu'implique jusqu'alors le concept de danse théâtrale. Place désormais à l'abstraction, le mouvement étant porteur de son propre sens! Avec lui, c'en est fini de la symétrie. Aucun point de l'espace n'est prééminent. Nul besoin de raconter une histoire ou d'exprimer un sentiment. Ainsi la chorégraphie peut se construire autour d'un élément physique déterminé. Dans *Torse* (1976), par exemple, il associe aux mouvements du tronc un travail de jambes exécuté à toutes sortes de vitesses, dans toutes les directions, selon une multitude de phrasés. Le ballet classique, dont il respecte la rigueur, offre à Cunningham une base d'exercices – des tours aux dégagés ou aux jetés – qu'il détourne de leur fonction première.

Cunningham rejette les conventions séculaires régissant l'occupation de l'espace, et selon lesquelles l'action rayonne à partir d'un point central. Aucun secteur n'est plus important qu'un autre. Le spectateur est libre de fixer son attention là où cela lui convient, à l'instar du téléspectateur qui zappe. « Le monde est autour de nous, pas seulement devant, explique-t-il. Dans la rue, nous devons changer constamment la direction de notre regard; c'est pareil pour la danse; plusieurs séquences peuvent se dérouler simultanément. Chaque danseur est un centre qui se déplace à travers l'espace; cela crée une situation libre où tout change perpétuellement. »

À l'origine, le concept d'*event* (ci-contre, à Paris en 1982) est appliqué à des lieux non destinés à des représentations théâtrales : musées, salles de gymnastique, places publiques... Merce Cunningham en donne la définition suivante : « Présenté sans entracte, un *event* est un assemblage d'extraits du répertoire, ancien ou récent, auxquels viennent souvent se combiner des séquences spécialement conçues pour un lieu et une représentation qui ne se donnera qu'une fois. Il s'agit de créer davantage une expérience de danse qu'une soirée de danse. »

Lorsqu'il prépare un *event*, Cunningham reproduit sur le sol de son studio les mesures du lieu à investir. Il fait alors travailler ses danseurs sur la surface dessinée. L'*Event n° 1*, en 1964, a pour cadre un musée viennois. Pas de scène, nul décor. Les deuxième et troisième sont donnés au musée d'Art moderne de Stockholm. Après quoi, ce seront des gymnases, des théâtres antiques, un hall de gare, et paradoxalement des théâtres...

L'ordonnance du spectacle est modifiée. Plus de cérémonial : rien n'empêche les danseurs d'entrer en scène (ou d'en sortir) en marchant, par exemple. Convaincu que la danse existe par elle-même, Cunningham en vient à dissocier le mouvement de la musique. Il se borne à convenir de la durée de cette musique avec le compositeur (John Cage, David Tudor, Gordon Mumma, etc.). À ce dernier de faire en sorte qu'elle soit prête pour la répétition générale... Dès 1952, date d'une expérience menée autour de *Symphonie pour un homme seul* de Pierre Schaeffer et Pierre Henry, les danseurs de Cunningham « ne s'attendent plus à une synchronisation quelconque de leurs gestes avec les sons. Nous partageons le même temps... Mais ce partage ne lèse plus personne », commente Cage.

Des procédés aléatoires sont mis en jeu, le « chance operation ». Le recours aux dés ou au yi-king chinois détermine l'ordre de succession de certaines sections. Allant plus loin encore, Cunningham monte ses *events* (événements) à l'aide d'extraits d'œuvres diverses, « un peu comme on passe d'une chaîne à l'autre à la télévision », explique-t-il. Composés en fonction de l'espace disponible, dans des lieux qui n'ont pas pour vocation d'accueillir des spectacles, ils réunissent des fragments de son répertoire. Les *events* ne sont donc jamais identiques. En reconsidérant la danse, en remettant en cause

Durant une décennie, Robert Rauschenberg est étroitement associé au travail de Cunningham. Il imagine les costumes et les décors d'une multitude de pièces, comme *Suite for Five in Space and Time* (1956) et *Winterbranch* (1964). La toile de Rauschenberg *Trophy I* (ci-contre, 1959) intègre d'ailleurs un personnage dansant : Cunningham lui-même. D'autres plasticiens, comme Jasper Johns ou Mark Lancaster, tiendront par la suite ce rôle de conseiller artistique.

Disputant à Graham le record de longévité sur scène, des notions tenues jusqu'alors pour intangibles, Merce Cunningham a tracé une ligne de rupture. Après lui, rien ne sera plus comme avant. En près d'un demi-siècle, sa compagnie accueille des centaines de danseurs, dont certains ajoutent de nouveaux maillons à la longue chaîne de la danse américaine : Paul Taylor, Douglas Dunn, Carolyn Brown et Karole Armitage, pour ne citer qu'eux.

Merce Cunningham (ci-dessus) a dansé en public jusqu'à soixante-dix ans passés, alors qu'il souffrait d'une mobilité réduite. «J'obéis sans doute à quelque attirance mystique de la scène», hasarde-t-il.

Dans une Allemagne abattue par la guerre et bientôt étouffée par la crise, les artistes récusent le sens de la mesure qui a prévalu jusqu'ici. Peintres, musiciens, dramaturges et chorégraphes expriment les sentiments les plus extrêmes. Bien que traversé de multiples courants, l'expressionnisme innerve la danse, qui redouble de vigueur créatrice. Un demi-siècle plus tard, le Tanztheater en retiendra la leçon.

CHAPITRE 3

TANZ ET TANZTHEATER

La danse allemande offre aux peintres des sujets de choix, qu'ils soient ou non expressionnistes (à gauche, Mary Wigman par Ernst Klaus). Les pieds bien ancrés au sol, le visage fermé, Wigman élève un bras au ciel, exprimant comme une volonté de dépassement de l'humaine condition. (Ci-contre, *Groupe de danseurs* peint par Max Pechstein en 1912.)

Les 2, 3 et 4 juillet 1932, le Théâtre des Champs-Élysées, à Paris, connaît l'excitation des grands soirs. Un concours international de chorégraphie y est organisé. Il sacre un ballet allemand de Kurt Jooss, *La Table verte*, sorte de danse macabre moderne : des diplomates fantoches s'y épuisent en de vaines gesticulations cependant qu'à la porte la mort guette. Le vocabulaire utilisé ne rompt pas complètement avec la danse classique. Mais son caractère violent, exacerbé, fait l'effet d'un choc. D'autres «danses allemandes» figurent au palmarès. Le public et la critique sont partagés. André Levinson, commentateur habituellement éclairé, fustige ce qu'il tient pour «une forme de barbarie». À quoi Émile Vuillermoz, plume non moins célèbre, fait pièce : «Existe-t-il donc – en dehors de certaines formules codifiées qui forment cette délicate et sévère prosodie pour lettrés qu'on appelle la "danse classique" – un code immuable pour la chorégraphie? Pourquoi un ballet n'exprimerait-il pas une idée philosophique ou sociale, un sentiment collectif ou individuel?»

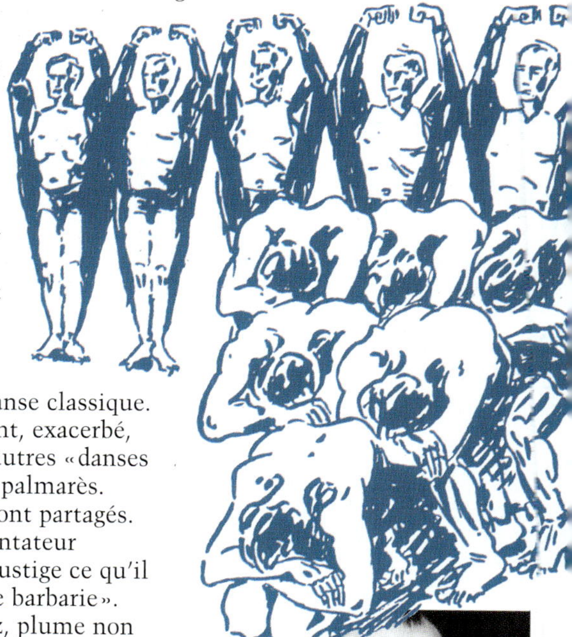

Laban donne des fondements théoriques à la danse libre

C'est à cela précisément que se consacre, outre-Rhin, depuis vingt ans déjà, une, voire deux générations de danseurs emmenés par Rudolf von Laban. Ce chorégraphe d'origine hongroise donne ses fondements théoriques à la danse libre, dite aussi danse d'expression. Les titres de ses innombrables publications montrent assez la nouveauté de son propos : *La Danse moderne* (1922), *La Danse, un art*

Chorégraphe et théoricien, Rudolf von Laban (ci-dessus) est à l'origine du développement de la danse germanique ou, plus justement, centre-européenne. Dans les rangs de ses disciples, on remarque Mary Wigman, Kurt Jooss et Sigurd Leeder.

en soi (1925), *Danse théâtrale et chœur de mouvement* (1927)... À la bidimensionnalité du mouvement, conçu pour être vu de face avant tout, il substitue un espace volumétrique – représenté par un icosaèdre – que le danseur occupe pleinement. En 1926, il élabore son système de notation chorégraphique, la «Labanotation».

«Zurück zur Natur!»

Que Laban inscrive son travail sur les rives helvétiques du Lac Majeur ne saurait surprendre. Tout un courant prônant le retour à l'état de nature se manifeste alors. Sortes de scouts, les Wandervogel sillonnent les campagnes allemandes, dormant à la belle étoile.

Se réclamant hautement d'une *Nacktkultur* (culture du nu), des réformateurs préconisent les bains d'air et de soleil. Quelques écoles où l'on cultive une forme de danse gymnique s'ouvrent sur les côtes de la mer du Nord. Leurs pensionnaires y caracolent, nus, face aux vagues...

Dans l'acception de Laban, la danse ne saurait se réduire à un spectacle. C'est aussi – c'est surtout – une activité de nature éducative et même thérapeutique.
En cela, Laban reflète précisément l'esprit du temps avec la redécouverte des vertus de la gymnastique et du grand air. En 1913, avec quelques-uns de ses élèves de Munich, Laban ouvre à Ascona une «ferme de danse» (ci-dessous). Le Monte-Verità, colline dominant le lac Majeur, réunit alors plusieurs communautés de végétariens, nudistes, théosophes, francs-maçons. Le chorégraphe a tout loisir de mettre au point ce qu'il appellera les *Bewegungschöre*, les chœurs de mouvements (à gauche, dessin de Laban).

Sous le ciel plus ensoleillé du Tessin, en Suisse, les disciples de Laban se livrent aussi à des exercices en plein air dans le plus simple appareil. Sport, danse, beauté, santé paraissent alors aller de pair; un film de 1925, intitulé *Wege zur Kraft und Schönheit* (*Les Chemins de la force et de la beauté*), célèbre le corps humain en associant sportifs et danseurs, sur fond de forêts profondes et d'eaux argentées.

La musique du geste

C'est d'ailleurs dans le cadre d'une cité-jardin, Hellerau, à la périphérie de Dresde, que Émile Jaques-Dalcroze a ouvert en 1911 son *Bildungsanstalt* (centre de formation). Il attend de ses élèves qu'ils sentent la musique qui est en eux pour être à même de jouer de «ce clavier merveilleux qu'est le système musculaire et nerveux, pour rendre plastiquement une pensée mesurée en l'espace comme dans le temps». Ses cours de rythmique sont complétés par une forme de gymnastique, enseignée par la danseuse Marie Rambert, ainsi que par des classes d'harmonie, d'anatomie et de chant choral.

La «méthode» Dalcroze n'a nullement pour objectif de former des danseurs. Mais elle contribue à leur éducation rythmique : «la musique des sons et la musique du geste doivent être animées par la même émotion». La guerre incite le pédagogue à rentrer dans son pays d'origine, la Suisse neutre. C'est à Genève qu'il ouvre en 1915 son «institut». À Hellerau, une «Neue Schule» (nouvelle école) poursuit ses activités, s'enrichissant même d'un département «danse»

Sous l'impulsion de Laban, danse et gymnastique se mêlent étroitement. Si le retour au «naturel» s'impose largement (à gauche, saut d'une élève de l'école Herta Feist, à Berlin, école observant les principes de Laban), la nudité complète n'en reste pas moins exceptionnelle. C'est surtout dans le cadre de démonstrations qu'elle est appliquée.

«Une harmonie supérieure devrait s'établir entre les vouloirs et les pouvoirs esthétiques et animiques, entre la force, la souplesse et la grâce, entre le «statisme» et le dynamisme, la discipline et l'émancipation, les facultés imaginatives et réalisatrices.»

Émile Jaques-Dalcroze, 1942

Dans leur film *Wege zur Kraft und Schönheit*, où ils prônent l'exercice physique et les eaux thermales, Nicholas Kaufmann et Wilhelm Prager alignent non seulement des gymnastes, mais aussi une multitude de danseurs, anonymes (ci-contre) ou non. *Licht! Luft! Leben!* (de la lumière! de l'air! de la vie!) proclament les partisans de cette *Nacktkultur* (culture du nu).

auquel appartiendront de grandes figures comme Valeria Kratina, Yvonne Georgi, Hanya Holm et Rosalia Chladek.

Les «chœurs de mouvements» unissent amateurs et professionnels

Dalcroze et Laban manifestent le même intérêt pour les spectacles réunissant un grand nombre de participants. Le premier souhaite que, dans ses *Festspiele* (avec récitant, choristes et danseurs), le «geste collectif» soit mis au service d'une idée. Le second règle des «chœurs de mouvement», vastes rassemblements offrant aux exécutants – professionnels ou amateurs – l'expérience partagée de la joie de danser. Sa *Cavalcade des arts et métiers* fait ainsi défiler dix mille personnes, membres pour la plupart des Guildes des métiers de Vienne (1929).

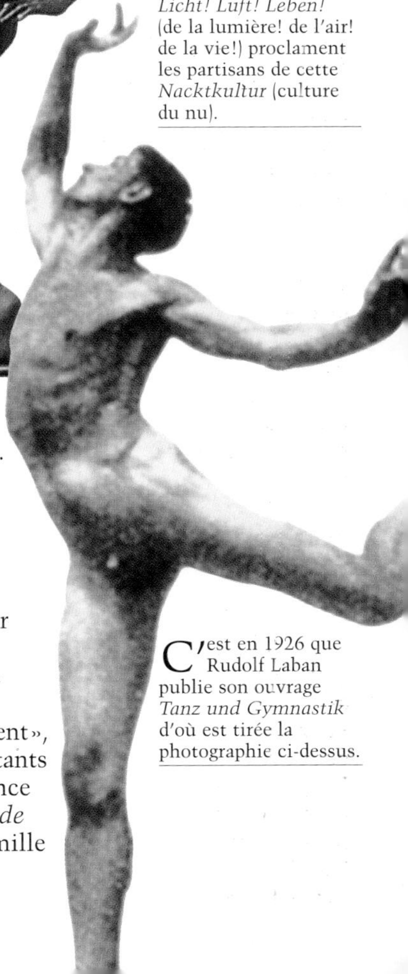

C'est en 1926 que Rudolf Laban publie son ouvrage *Tanz und Gymnastik* d'où est tirée la photographie ci-dessus.

Ce type de fête populaire connaît un vif succès, en Allemagne d'abord, puis en Suisse et en Autriche. Soucieux de noyer l'individu dans le groupe, le régime national-socialiste, au pouvoir dès 1933, favorise la culture physique et les danses collectives. *Kraft durch Freude* – la force par la joie!

À la suite d'Isadora Duncan, bien que dans un registre plus heurté et plus sombre, Mary Wigman va jusqu'au bout de ses rêves et de ses cauchemars, balançant entre le divin et le démoniaque, le conscient et l'inconscient.

Mary Wigman ou la danse de la sorcière

Ce sens du collectif n'est pas propre à la danse libre germanique. Erwin Piscator, le fondateur du Théâtre prolétarien, n'écrit-il pas que « le facteur héroïque de la nouvelle dramaturgie n'est plus l'individu avec son destin personnel particulier, mais c'est notre époque même, le destin des masses! » Cependant, beaucoup d'artistes développent d'intenses solos. Dans sa *Danse de la sorcière* (1914), qu'elle interprète assise et masquée, avec un accompagnement de percussion, comme dans ses *Danses extatiques* (1917) ou dans ses *Danses de la nuit* (1919), Mary Wigman, ancienne élève de Dalcroze et de Laban, confirme que « le solo est la forme la plus condensée d'un message dansé ».

Mary Wigman

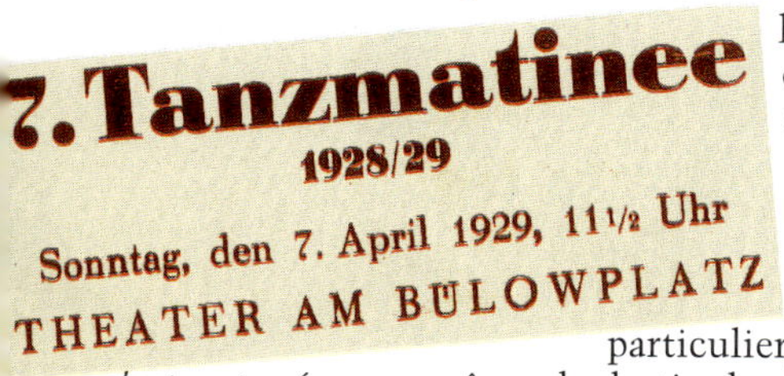

« Wigman reflète la tendance philosophique générale de l'esprit allemand; ce sont des danses d'introspection plus que d'action, révélatrices d'états intérieurs. »
John Martin, 1933

Rien d'étonnant à ce que, dans les turbulences qui suivent la Première Guerre mondiale et qu'entretient la crise économique, Wigman traduise par le geste les mêmes violences et les mêmes contrastes que des peintres comme Nolde ou Kokoschka, des musiciens comme Schönberg, des metteurs en scène comme Reinhardt ou encore des cinéastes comme Lang et Murnau.

En 1930 déjà, dans son austère *Totenmal*, Mary Wigman, en collaboration avec le poète suisse Albert

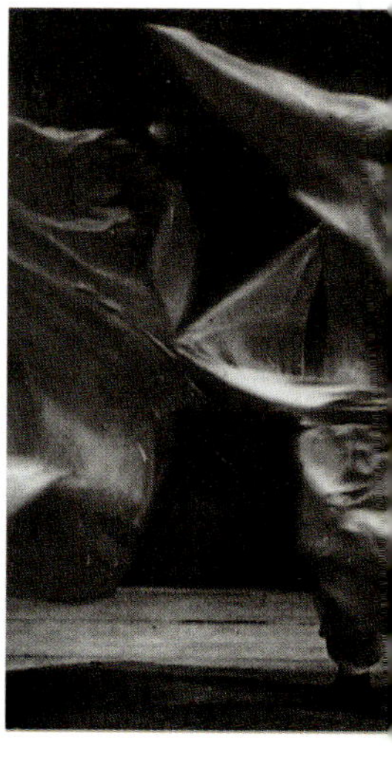

Talhoff, élève un monument aux victimes du premier conflit mondial. Les danses de groupe qu'elle compose traduisent ce qu'« ont vécu les femmes, les mères, immobiles, supportant le poids de cette souffrance imposée dans une révolte accusatrice et un désespoir muet ». Ce goût pour le pathétique, voire le morbide, est suffisamment répandu dans le public pour que le critique Josef Lewitan puisse écrire, au sortir d'un spectacle de l'Américain Ted Shawn, en tournée alors en Allemagne : « Ted Shawn est trop sain pour nous. »

La « Mystagogue de Dresde »

Le « radicalisme » de Mary Wigman s'exprime aussi dans le costume, les éclairages, l'accompagnement musical : des vêtements sombres qui enveloppent, des masques parfois pour accentuer l'expression ou, à l'inverse, dépersonnaliser; tout un faisceau d'ombres

Pour Mary Wigman, le masque ne doit pas être une décoration. C'est un aspect essentiel du personnage dansé (ci-contre, *Totentanz* [*Danse macabre*], 1926). Loin de rester inerte durant la danse, le masque « respire à l'intérieur de sa forme figée, et vibre comme un visage vivant ».

Dans *Schatten* (*Les Ombres*, 1932, ci-dessous), de longs voiles fondent les individus dans la masse du groupe. À la « Mystagogue de Dresde » s'applique au premier chef ce que André Levinson dit aussi du « danseur allemand » : « Ce qu'il rechercha, ce fut l'état de grâce [...] du derviche ou féticheur. »

Formée tout d'abord à la danse classique élève, puis interprète de Mary Wigman, Gret Palucca (ci-contre) donne dès 1924 ses propres récitals de danse libre. L'école qu'elle ouvre, l'année suivante à Dresde, sera fermée par les nazis pendant toute la durée de la guerre.

et de lumières, le battement des pieds nus sur le sol ou les scansions des percussions tissent aussi l'atmosphère de ses spectacles, solos ou danses de groupe. En Allemagne même, pays déchiré, brisé, de nombreuses voix s'élèvent qui s'en prennent à la «barbarie» de cette danse et de la musique qui l'accompagne. «La danse classique est jolie, mais la danse d'expression est belle», leur est-il répliqué.

La visionnaire qu'est Mary Wigman focalise l'attention d'une multitude de jeunes danseurs qui, fascinés, viennent suivre son enseignement. Au premier rang, il y a Harald Kreutzberg, Berthe Trümpy, Gret Palucca, Vera Skoronel, Margarete Wallmann, sans oublier Hanya Holm qui, on l'a vu, ouvre la Wigman School de New York (1931).

Mary est déterminée à implanter aux États-Unis la nouvelle danse allemande. Le célèbre impresario américain Sol Hurok lui organise même trois grandes tournées. Précédée d'une flatteuse réputation – «Mary Wigman est la danse allemande», écrit le *New York Times* –, elle est accueillie par les figures de proue de la modern dance : Martha Graham, Doris Humphrey, Charles Weidman, Ted Shawn et Ruth St Denis. Toutefois cette dernière ne tarde pas à

Mary Wigman pratique un art essentiellement allemand auquel la défaite de 1918 et la crise économique et sociale des années vingt ne sont pas étrangers. Si les publics latins n'y sont guère réceptifs, Wigman fera grande impression aux États-Unis grâce à trois importantes tournées, entre 1930 et 1933.

apporter la contradiction en déclarant publiquement que Wigman « fait des exercices de culture physique remarquables, mais [que] sa danse n'est pas de l'art ».

Wigman contre Laban

En l'espace de quelques années, l'élève rattrape le maître. Mary Wigman dispute à Rudolf von Laban le « leadership » de la danse libre. Cette tension est particulièrement vive au IIe Congrès des danseurs, à Essen, en 1928. Les débats portent notamment sur la place que la danse doit occuper dans le secteur théâtral. Pour Laban, il convient de satisfaire le goût du public pour le divertissement, quitte à jeter un pont en direction de la danse classique. Wigman prône, quant à elle, une ligne pure et dure : tout rapprochement de ce type ne peut être que préjudiciable à la danse libre.

Mais d'autres désaccords séparent les deux figures de proue. Si Laban n'envisage le développement individuel qu'au travers d'une intégration dans le groupe, Wigman affirme que ce n'est qu'en se réalisant soi-même que l'individu peut apporter quelque chose au dit groupe.

Conscients toutefois du danger que représente cet antagonisme pour leur art, les deux chorégraphes finissent par enterrer la hache de guerre.

À en croire Laban, « les mouvements de groupe peuvent être vifs et chargés de menaces agressives, ou doux et sinueux, tel le mouvement paisible de l'eau sur un lac. Les groupes peuvent se former et ressembler aux dures arêtes rocheuses d'une montagne ou à un doux vent soufflant dans une plaine. [...] D'une certaine façon, les mouvements de groupe sur scène ressemblent aux nuages mouvants brisés par le grondement du tonnerre ou par une trouée de soleil. » (Ci-dessous, groupe d'élèves de l'école Laban de Zurich, dirigée par Suzanne Perrottet.)

Oskar Schlemmer et le Bauhaus

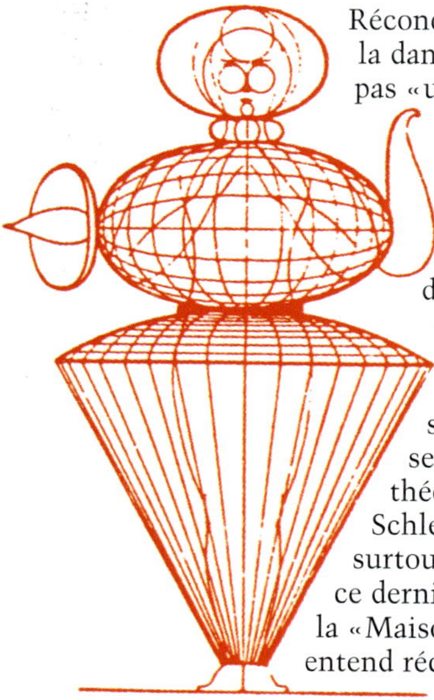

Réconciliation ou pas, la danse allemande n'est pas «une». Elle est plurielle. L'«Ausdruckstanz» (danse d'expression) de la République de Weimar est traversée par une multitude de courants. Mais sans doute l'expressionnisme est-il le plus remuant. Un courant «abstrait» se manifeste aussi, qui se cherche des références théoriques chez Oskar Schlemmer. Danseur, mais surtout peintre et sculpteur, ce dernier enseigne au Bauhaus, la «Maison du Bâtir» où l'on entend réconcilier l'art et la technique, les artistes et les «travailleurs». Le Bauhaus dispose d'un théâtre, le spectacle constituant tout à la fois un espace d'expérimentation et un instrument de socialisation de l'art; du moins, le théâtre du mouvement. «Partir de la position du corps, dit Schlemmer qui dirige le théâtre du Bauhaus de 1923 à 1929; de sa présence, de la position debout, de la marche, et, en dernier lieu, du saut et de la danse. Car faire un pas est un événement prodigieux; lever une main, remuer un doigt ne le sont pas moins.»

Conformément aux principes du Bauhaus, le *Ballet triadique* (1922) ne met pas des individus en scène. La danse n'est-elle pas une «mathématique artistique et métaphysique»? L'impersonnel est de règle. Aux personnages, Schlemmer substitue des «types». Élaborer un «type» exige de gommer toute différence et de façonner des formes simples, au besoin en bourrant de ouate les collants et en masquant de manière identique les danseurs. «Que veut dire, que signifie : abstrait?» interroge-t-il.

“Une des marques de notre temps est l'abstraction qui, d'une part, travaille à disjoindre les composants d'un ensemble existant pour les mener chacun à l'absurde ou les porter à leur plus haut degré de puissance; qui, d'autre part, produit tout son effet dans la généralisation et l'assemblage pour élaborer, dans une vaste ébauche, un nouvel ensemble. Marque de notre temps ensuite, la mécanisation, processus inexorable qui s'empare de tous les domaines de la vie et de l'art. Tout ce qui peut être mécanisé est mécanisé. Résultat : la prise de conscience de ce qui n'est pas mécanisable.”

Oskar Schlemmer, 1925

Et de répondre : « simplification, réduction à l'essentiel, à l'élémentaire, au primaire, pour opposer une unité à la multiplicité des choses ».

Un « art dégénéré »

Schlemmer imagine encore deux *Cabinets des figures* (1922), « moitié jeu de massacre, moitié *metaphysicum abstractum*; mélange, c'est-à-dire assortiment de sens et de non-sens, réglé par la couleur, la forme, la nature et l'art, l'homme et la machine, l'acoustique et la mécanique ». Il règle des *Danses de l'espace* et des *Danses des formes* (1926), un *Jeu de construction* et une *Danse des bâtons* (1927), une *Danse du métal*, une *Danse du verre* et un *Chœur de masques* (1929) où l'accent est moins porté sur le mouvement lui-même que sur l'impression visuelle qui s'en dégage.

Dans le *Ballet triadique* (page de gauche et ci-contre), seuls, à deux ou à trois, deux hommes et une femme se livrent à douze danses exécutées dans dix-huit costumes. Les trois parties de l'ouvrage sont articulées sur des musiques issues de trois siècles différents : Haendel, Haydn et Mozart, Debussy. Désireux de célébrer « une fête de la forme et de la couleur », Schlemmer fait bouger un « Danseur turc » et une « Boule d'or », aux costumes rembourrés, un danseur en « Spirale », etc. (Au centre, croquis illustrant le concept du costume de scène ayant valeur d'architecture en mouvement.)

Il a fallu près de dix ans à Kurt Jooss pour mûrir le concept de la *Table verte* (ci-contre). Il semble que le point de départ ait été la célèbre *Danse macabre de Lübeck*, cette illustration médiévale de l'égalité de tous, riches et pauvres, devant la mort. Mais d'autres éléments ont nourri la pensée du chorégraphe, à commencer par les mises en garde du journaliste politique Kurt Tucholski dans le magazine *Die Weltbühne* : « Ne croyez pas à ces négociations de paix. Les diplomates sont en train de vous préparer secrètement une nouvelle guerre ! »

Harpe séraphique, *Danseuses de Delphes*, *La Mort de saint Sébastien*... avec accompagnement de piano ou soutenus par un orchestre symphonique, ces « Poètes de la danse » que sont les Sakharoff « incarnent dans le visible l'âme de la musique, non pas en matérialisant l'esprit, mais en dématérialisant le corps » (Thierry Maulnier).

En 1932, le *Ballet triadique* fait sensation au Concours international de Paris. Peu après, les nazis ferment l'Académie de Breslau où Schlemmer travaille depuis son départ du Bauhaus; départ dû à l'opposition des étudiants de gauche qui, eux, jugent son travail insuffisamment engagé parce que trop formel. L'année suivante, les nazis interdisent son exposition de Stuttgart et... ferment le Bauhaus.

L'Ausdruckstanz au masculin aussi

Grotesque avec Valeska Gert, comique avec Trudi Schoop, austère avec Dore Hoyer, tout cela à la fois avec Rosalia Chladek, les années vingt et trente produisent une génération enfiévrée dans les pays d'expression germanique. Chacune à sa manière, ces danseuses laissent libre cours à leur tempérament exalté et à leur sensibilité inspirée. Mais bien que dominée par les femmes, l'Ausdruckstanz ne proscrit pas les hommes. À preuve, l'impact d'un Kurt Jooss dont *La Table verte* (1932) annonce les horreurs de la guerre à venir. Dans *La Grande Ville* (1932),

SAK

un bal musette est le décor d'un discret plaidoyer en faveur de la justice sociale : aux poules de luxe sont opposées les vertueuses jeunes filles prolétariennes… Autant de caricatures qui ne sont pas sans rappeler les œuvres d'Otto Dix ou de George Grosz dont Jooss se sent proche.

À la tête de ses Danseurs rouges, Jean Weidt place son art au service d'un idéal révolutionnaire (*Der Arbeiter*, 1925). Il met en scène ouvriers, vieillards, mendiants, chômeurs… À l'opposé, Harald Kreutzberg distille son suprême raffinement et son humour dans des pièces scintillantes, généralement seul, parfois en duo avec sa partenaire Yvonne Georgi rencontrée à l'école Wigman. C'est ainsi *L'Ange du Jugement dernier*, *Le Chant de la nuit*, *La Mort*, ou encore, sur un mode léger, *Till l'Espiègle*…

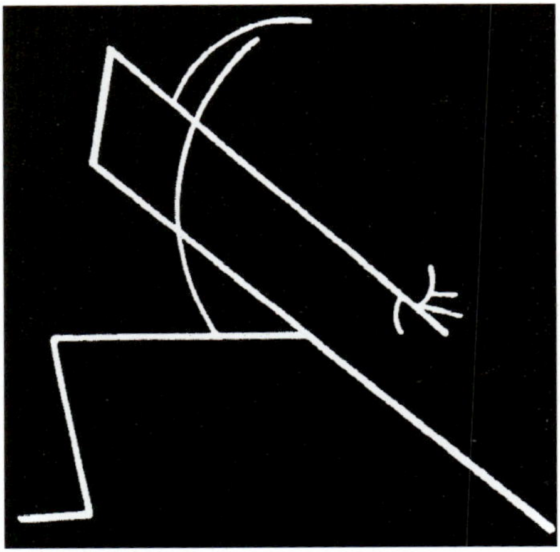

Divers plasticiens s'intéressent au théâtre du mouvement. Ainsi Kandinsky, lui aussi membre du Bauhaus, conçoit-il un spectacle total autour des *Tableaux d'une exposition* de Moussorgski. Accessoirement, il schématise graphiquement (ci-dessous) les lignes décrites par Gret Palucca dans ses solos abstraits comme *Tanzabstraktion I* (1924) et *Tanzrhythmen* (1924).

Clotilde et Alexandre Sakharoff, «les poètes de la danse»

Dans un registre proche, les Sakharoff se font à leur manière les «apôtres» d'une danse libre, d'une intense musicalité. Clotilde (von der Planitz) est née allemande, Alexandre est russe. Comme le note en 1933 leur hagiographe Émile Vuillermoz, «ces chercheurs de synesthésies prennent une page de Bach, de Frescobaldi, de Couperin, de Chopin ou de Debussy et en tirent une composition décorative, plastique et chorégraphique extraordinairement complète et nuancée à l'infini».

die neu

La danse allemande saignée par les nazis…

Le national-socialisme voit d'emblée le parti qu'il peut tirer du rayonnement international de la danse allemande. Mais malheur à qui ne suit pas la «ligne»! En mars 1933, trois membres des Ballets Jooss sont licenciés par la municipalité d'Essen : Ruth Harris, Heinz Rosen et le pianiste Fritz A. Cohen (le compositeur de *La Table verte*). Quelques mois plus tard, averti que la Gestapo s'intéresse à lui, Kurt Jooss fuit l'Allemagne avec ses danseurs. Il reconstitue sa troupe en Angleterre et, en avril 1934, grâce au soutien de mécènes, il ouvre avec Sigurd Leeder la Jooss Leeder School of Dance, à Dartington Hall.

Marqué à gauche, Jean Weidt n'a pas le choix : il passe à son tour la frontière en 1933, trouvant refuge en Russie. D'origine israélite, Valeska Gert s'exile à New York. Que ce soit pour des motifs politiques ou «raciaux», des dizaines d'artistes – Ruth Abramowitsch, Gertrud Bodenwieser, Margarete Wallmann; ou encore Josef Lewitan, le fondateur du magazine *Der Tanz* – n'ont d'autre issue que de quitter leur pays.

Avant que les nazis ne musellent l'Allemagne, les débats politiques sont vifs. Dans l'ensemble, les danseurs d'expression se gardent de tout engagement. D'autant plus remarquable est le travail, très politisé, du Hambourgeois Hans Weidt (dit aussi Jean Weidt; ci-contre, affiche de Paul Colin). Résolu à faire de son art un instrument de la lutte des classes, il participe avec ses Danseurs rouges à différentes manifestations communistes. En 1933, à l'instar de Jooss, il réussit à faire quitter l'Allemagne à son groupe. Il se rend à Moscou où se déroule l'Olympiade internationale du théâtre révolutionnaire. Là, il présente des danses dépeignant «les convulsions de la crise, le désespoir des personnes âgées que l'on jette par dessus bord, l'hypocrisie répugnante, bien que raffinée, des bourgeois».

e linie

... et mise au pas

Dans *Mein Kampf*, dix ans avant les Jeux de Berlin (ci-contre, détail d'une affiche olympique), Hitler proclame déjà que « la force et l'adresse corporelles doivent rendre la foi en l'invincibilité du peuple auquel appartiennent nos enfants ». Leni Riefenstahl entend faire de son film *Olympia – Les Dieux du stade* (1936, ci-dessous) « un hymne à la force et à la beauté de l'homme ». Comme les danseurs qui participent aux festivités, elle tombe dans le piège tendu par les nazis.

Bien que généralement apolitiques, les danseurs ne peuvent plus ignorer ces nouvelles « valeurs » que sont le peuple, la race, le sol et le sang. Mais pour une Oda Schottmüller, qui sera guillotinée en 1943 pour son appartenance au réseau de résistance « Die Rote Kapelle », combien préfèrent courber l'échine; voire, tel Gustav Fischer-Klamt, rendre conforme l'Ausdruckstanz, réputée trop individualiste, à l'idéologie nazie.

Pour cause de non-orthodoxie politique, Laban est déchu de toutes ses fonctions administratives, à commencer par la Direction de la danse au ministère de la Propagande. Il finira par se réfugier en Grande-Bretagne (1938), Kurt Jooss lui offrant l'hospitalité à Dartington Hall. La cérémonie inaugurale des Jeux olympiques de Berlin (1936), vaste spectacle à la gloire du Reich, bénéficie toutefois du concours de Mary Wigman, Harald Kreutzberg, Maja Lex et Gret Palucca (tout comme des compositeurs Werner Egk et Carl Orff), ainsi que de plusieurs milliers d'enfants et d'adolescents. Trois années plus tard, Palucca verra son école de Dresde fermée par les nazis, et Wigman qui ne se soumet pas tombera à son tour en disgrâce.

La danse allemande sous double influence

L'après-guerre, période de reconstruction puis d'essor économique en deçà du Rideau de fer, de mainmise soviétique au-delà, rend l'Ausdruckstanz quelque peu obsolète. Sa genèse renvoie aux années noires. Les deux Allemagnes sont sous influence : anglo-saxonne à l'Ouest (Alan Carter à Munich, Walter Gore à Francfort, Todd Bolender à Cologne, John Cranko à Stuttgart, Kenneth MacMillan à Berlin-Ouest) et soviétique à l'Est (Berlin-Est, Leipzig et Dresde). D'origine russe, mais vivant à Berlin depuis 1928, Tatiana Gsovski apporte aussi une contribution majeure au développement du ballet, à la fois comme chorégraphe et comme pédagogue. Sous la pression de l'occupant soviétique, Gret Palucca fait une large place à la danse classique dans son école de Dresde. En 1957, Mary Wigman règle son ultime chorégraphie, un *Sacre du printemps* magnifique – la sombre danseuse Dore Hoyer, disciple de Palucca, en est la figure de proue, mais c'est un corps de ballet classique qui l'entoure, signe des temps! Dix ans plus tard, Hoyer, dernier maillon de cette tradition, mettra fin à ses jours, délaissée, ignorée même. Avec elle, c'est la danse d'expression qui disparaîtra.

La danse d'expression d'avant-guerre et le tanztheater contemporain ont en commun de dénoncer les dérives de la société. Bien sûr, le trait s'est acéré au fil du temps. Nulle répression n'est à craindre : la critique peut se faire corrosive. Avec leurs personnalités respectives, des propos différents, des moyens financiers inégaux, Pina Bausch, Susanne Linke et Reinhild Hoffmann ont ouvert de nouvelles perspectives à la danse théâtrale.

La Folkwang Hochschule, creuset d'une nouvelle créativité

De retour à Essen, en 1949, Kurt Jooss va faire du département Danse de la Folkwang Hochschule le creuset d'une nouvelle créativité. «J'y ai appris beaucoup de techniques différentes, mais ce qui me relie à Jooss, c'est avant tout son humanité», confie Pina Bausch, figure de proue du Tanztheater avec des chorégraphes comme Susanne Linke et Reinhild Hoffmann. Susanne Linke, qui fut l'élève de Mary Wigman, se révèle dans des solos intenses et imaginatifs tel *Bade Wannen* (1980) exécuté dans une baignoire, «emblème de la vie domestique et de l'intimité du corps». Reinhild Hoffmann, qui est marquée à ses débuts par les

théories de Laban, développe un travail incisif (*Callas*, par exemple).

Que Linke, Hoffmann et Bausch aient étudié à l'école Folkwang de Jooss et qu'à tour de rôle elles aient dirigé le Tanzstudio fait le lien avec le passé. Pourtant Pina Bausch se réclame d'une double géographie : la Ruhr (elle est née à Solingen) et New York. Après cinq années d'étude à Essen, une bourse lui permet d'entrer à la Juilliard School. La métropole américaine, *via* Paul Taylor, José Limon et Antony Tudor, exerce sur elle une influence qu'elle ne reniera pas après son retour en Allemagne, en 1962.

Après avoir dansé sous la direction de Pina Bausch au Folkwang Tanzstudio d'Essen, Susanne Linke façonne de superbes solos où s'expriment ses aspirations, ses espoirs et ses peurs. Elle passe ensuite à l'échelle du groupe (ci-dessus et ci-contre, *Am Reigenplatz*), allant d'ailleurs jusqu'à partager avec son partenaire Urs Dietrich – lui aussi formé à Essen – la direction artistique du Tanztheater de Brême. De Jooss à Dietrich, de Bausch à Linke, la chaîne ne cesse de s'allonger.

Les « Stücke » de Pina Bausch réunissent des artistes de cultures différentes. Une quinzaine de nationalités sont représentées dans son Tanztheater. Certains sont très jeunes, d'autres plus âgés. Certains sont petits, d'autres très grands. En tout état de cause, ils doivent être « dotés d'expression, de force et de volonté ». « Pour moi, poursuit Pina Bausch, l'important est de choisir des danseurs qui soient des êtres humains. »

Alors qu'à ses débuts elle prépare soigneusement son travail, Pina Bausch en vient à « se laisser conduire par les choses elles-mêmes », renonçant du coup à tout plan préalable. Les danseurs sont partie prenante au processus de gestation. Leurs improvisations constituent tout un matériel que la chorégraphe va épurer, ordonner et compléter. De la même manière, lorsque le spectacle est monté (comme on le dirait d'un film), Pina Bausch, qui refuse le principe même d'un « message » par trop directif, en appelle à l'intuition et à l'imagination du public. « Vous devez trouver vous-mêmes », dit-elle. (Page de gauche, en haut, *Walzer*, 1982; à gauche, en bas et ci-contre, *Palermo, Palermo*, 1989.)

Pina Bausch déclenche un séisme artistique

Soliste au Folkwang Ballet récemment créé par Jooss, Pina Bausch se révèle rapidement chorégraphe. En 1969, son *Im Wind der Zeit* lui vaut un Premier Prix au Concours de Cologne. Nommée à la tête du Ballet de Wuppertal (1973), elle déclenche un séisme artistique avec ses *Sacre du printemps* (1975), *Sept Péchés capitaux* (1976), *Barbe-Bleue* (1977), *Komm, tanz mit mir!* (1977)... La condition humaine est déjà au centre de son travail : communication et incommunicabilité, tension entre les sexes, amour, désir, frustration, peur, solitude apparaissent comme autant de leitmotive. Les œuvres à venir, toujours aussi puissantes et non moins mortifères, vont fasciner un public de plus en plus large, à la faveur de tournées en Europe, Amérique, Asie et Australie. C'est notamment *Café Müller* et *Kontakthof* (1978), *Walzer* et *Nelken* (1982) où s'élabore un nouveau langage, où s'affirme encore une intense théâtralité faite de gestes, de mouvements – bien qu'au fil du temps la part de la danse ait tendance à diminuer –, de textes volontairement indigents, de chansons datées... enchâssés dans une scénographie extrêmement forte : un lit de tourbe, des flaques d'eau, un champ d'œillets, du gazon..., les costumes empruntent souvent aux robes de cocktail et aux habits de ville, comme pour échapper à toute forme de localisation temporelle et géographique.

Pour *Nelken* (ci-dessous), Pina Bausch (à gauche) obtient du décorateur Peter Pabst un tapis d'œillets. Mais qu'on ne s'y trompe pas : sa couleur rose et ses fraîches fragrances sont là pour mieux faire ressortir le désespoir dont la pièce est empreinte. Ce paradis fleuri tient du camp de concentration! À l'instar d'autres créations de Pina Bausch, *Nelken* passe par divers états. Plusieurs versions ont même été présentées en public. Mais si la structure change, l'essentiel reste : un mélange de gestes et de textes, sketches à la clé. «Pour comprendre cela, il faut une autre notion de la danse que la notion de technique», explique-t-elle.

La critique sociale qui se développe dans ces longs spectacles, souvent sombres, touffus, répétitifs, mais d'une force renversante, revêt de multiples aspects, y compris celui, faussement plus léger, de la «Revue» à numéros. En s'attaquant aux codes de la danse et du théâtre, Pina Bausch rompt avec la narration, fait éclater le récit.

Parmi les démarches marquantes relevant aussi du Tanztheater, celle de Johann Kresnik se singularise par son extrémisme. De formation classique, cet Autrichien développe dès son installation à Brême un théâtre dansé politiquement engagé qui suscite la controverse : *Jesus GmbH* (1977), *Ulrike Meinhoff* (1990), *Frida Kahlo* (1992). «Le problème que j'explore constamment sur scène est de savoir comment l'Allemagne, cette "Nation de poètes et de penseurs", peut avoir déclenché deux guerres mondiales», confie-t-il. Le caractère spectaculaire de ses créations se confirme dans des mises en scène dramatiques au souffle puissant telles *Mars* de Fritz Zorn et *Rosa Luxemburg* (1993)...

Cette même année 1993, il entame une fructueuse collaboration avec le danseur-chorégraphe d'origine brésilienne Ismael Ivo. À deux, Kresnik et Ivo montent *Francis Bacon* (1994), sorte de corps à corps carnassier exécuté dans la souffrance et la volupté, ainsi qu'un *Othello* (1995) qui renvoie plus à Genet qu'à Shakespeare, dans un concert de crocs de boucher...

Corps amputés, membres tordus... cette chorégraphie de la cruauté qu'est *Francis Bacon* de Kresnik et Ivo (ci-dessous) fait l'effet d'un coup de poing à l'estomac. «70 minutes en enfer, titre le critique Horst Koegler. 70 minutes de combat – contre soi-même, contre les autres êtres humains. Le monde comme un champ de bataille et dont le maître s'appelle Caïn.»

L'essor de la danse moderne, qu'elle soit allemande ou américaine, ne porte nullement ombrage à la danse classique, qui bénéficie du développement d'œuvres personnelles solidement implantées : Lifar en France, Balanchine aux États-Unis, Ashton en Grande-Bretagne, Cranko en Allemagne notamment. Avant que ne surgisse Béjart, l'iconoclaste.

CHAPITRE 4

CLASSIQUE : OH ! LES BEAUX JOURS

Si ballet et danse moderne entretiennent des rapports marqués de rivalité, ils se développent de manière parallèle. De nouvelles compagnies néo-classiques voient le jour (ci-contre, le Sadler's Wells Ballet, en 1931). Et de grands danseurs, comme Noureev (à gauche), continuent à susciter l'admiration du public.

Le mélange des genres

Appelé en 1929 comme « maître de ballet en chef » à l'Opéra de Paris, Serge Lifar, qui pourtant n'a encore qu'une seule chorégraphie à son actif (*Renard*), balaie « d'un seul coup certaines couches de poussière » (É. Vuillermoz). Ayant retenu la leçon de Diaghilev, il se concentre sur des ballets courts, de brèves actions dansées, qui complètent la programmation lyrique. La même soirée peut ainsi réunir ses *Créatures de Prométhée* (musique de Beethoven, 1929), l'opéra *Persée et Andromède* de Jacques Ibert et la « comédie musicale » *L'Heure espagnole* de Ravel ! Le mélange des genres est encore de rigueur. C'est ainsi que Lifar est également sous contrat avec le célèbre producteur anglais Charles B. Cochran dont la *Revue* triomphe à Londres. Le music-hall, autrement plus créatif et dynamique, a beau jeu

Quel rôle mieux que celui d'Icare (à gauche et page de droite, dessins de Georges Augsbourg) pourrait emblématiser Serge Lifar ? « Je n'avais pas encore connu semblable exaltation créatrice : c'était bien cela la vraie solitude du danseur que j'avais toujours pressentie et chérie, du danseur maître de lui-même, de ses pensées, de ses visions, de son corps et de ses danses. »

Dans les années vingt, le duo composé de la Pétersbourgeoise Alice Vronska et du Moscovite Constantin Alperoff (ci-dessus, affiche de Jean-Gabriel Domergue) développe d'audacieux portés encore peu connus en Europe, mélanges d'acrobatie et d'élégance.

d'éclipser le ballet qui, en cette fin des années vingt, est terriblement atone. Des bataillons de girls – les Gertrude Hoffmann Girls en tête – font chavirer les salles les plus retenues. Les adages acrobatiques – tels ceux d'Alice Vronska et de Constantin Alperoff ou de Kniaseff et Drosdoff – offrent une époustouflante synthèse des pas de deux classiques et des « main à main » des athlètes de cirque. En Russie même, le ballet soviétique développe les portés qui défient les lois de la pesanteur.

Une application du « Manifeste du chorégraphe » : *Icare*

En avril 1935, Lifar publie son *Manifeste du chorégraphe* où il proclame l'indépendance de la danse par rapport aux autres arts. Il y affirme entre autres que « le ballet peut exister libre de tout accompagnement musical ». Et que « dans les cas où le ballet est lié à la musique, la base rythmique doit être l'œuvre du chorégraphe et non celle du musicien ». Passant de la théorie à la pratique, Lifar règle dans la foulée le ballet qui marquera l'apogée de sa carrière : *Icare*, créé le 9 juillet 1935. Seul, sous la rotonde du Palais-Garnier, il élabore les rythmes que son ami Arthur Honegger arrangera pour un groupe d'instruments à percussions (et que complétera le chef d'orchestre Szyfer). « C'est le danseur qui devient la ligne mélodique », estime Honegger. Lifar use du vocabulaire académique pour exprimer avec un sens dramatique aigu, la lutte de l'homme contre la pesanteur.

“L'âme de la danse l'habite. [...] C'est pourquoi il [Serge Lifar] conçoit son art comme le poète fait le sien ; il peut comme il l'a magnifiquement démontré dans sa composition d'Icare construire tout un ballet à partir du seul rythme, en faire je ne sais quel poème abstrait auquel son corps donne un corps, sans que la musique y soit nécessaire et maîtresse.”

Paul Valéry, 1946

À l'image des productions de Diaghilev, ces nouveaux ballets sollicitent des musiciens et des peintres renommés. Les décors de *David triomphant* (1937) sont de Léger, la musique de Rieti. *Le Cantique des cantiques* (1938) porte la double signature de Honegger et de Paul Colin; *Oriane et le Prince d'amour* (1938), celles de Florent Schmitt et de Pedro Pruna.

Développement du néo-classicisme

L'apport de Serge Lifar ne se limite pas au renouvellement des sujets de ballet par le biais de ce que l'on appellera la «tragédie chorégraphique». Il touche aussi au vocabulaire même de la danse. Codifiant des pas imaginés par d'autres maîtres de ballet, en inventant de nouveaux, structurant le tout, il élabore sa propre esthétique. Il ajoute aux cinq positions académiques une «sixième» et une «septième», exécutées pieds parallèles, qui permettent à la danseuse de plier la jambe sans ouvrir les genoux pour que les pointes «retrouvent leur vie». Lifar regrette l'effet d'immobilité que produit une arabesque classique, faisceau équilibré des lignes horizontale et verticale. Pour obtenir l'impression de «mouvement dans l'immobilité», il décale l'axe vertical en le faisant pencher avec souplesse.

Deux autres chorégraphes, George Balanchine et Léonide Massine, vont contribuer au développement du style néo-classique. Le premier, lui aussi issu des Ballets russes de Diaghilev, fait œuvre personnelle, à compter d'*Apollon Musagète* (1928), «tournant décisif dans [sa] vie artistique». Selon ses propres dires, «la technique est utilisée ici pour transformer le son en un mouvement visible». Une démarche qui contredit totalement celle de Lifar. Fruit d'une longue filiation remontant à Saint-Léon *via* Petipa et Ivanov, le vocabulaire chorégraphique de Balanchine comprend des innovations – tours exécutés accroupi au sol, agenouillements ou arabesques à genou plié – qui surprennent, quand elles ne heurtent pas les balletomanes.

À l'instar d'*Icare*, *David triomphant*, aux décors et costumes de Fernand Léger (ci-dessous), est réglé sur des rythmes de Lifar orchestrés par Vittorio Rieti. Dans une large partie de ses ballets des années trente, Serge Lifar réserve une place centrale à la danse masculine «que le ballet académique avait si injustement reléguée au second plan», expliquera-t-il plus tard.

Léger ne se console pas de n'avoir pu travailler pour les Ballets russes de Diaghilev. Il aime la scène, et dans le sillage de *David triomphant*, il renouvelle sa collaboration avec Lifar pour une reprise du *Pas d'acier* (1948) et pour la création de *Bolivar*, l'opéra de Darius Milhaud (1950).

Quant à Massine, figure tutélaire des Ballets russes de Monte-Carlo qui ont pris la relève de la compagnie de Diaghilev, il fait date avec ses « symphonies chorégraphiques ». En 1933, *Les Présages*, sur la Cinquième de Tchaïkovski, dépeint la lutte de l'homme aux prises avec son destin ; la même année, *Choreartium*, sur la Quatrième de Brahms, offre de manière plus abstraite une traduction plastique de la partition. Dans la *Symphonie fantastique* (Berlioz, 1936), Massine en jeune musicien et Tamara Toumanova, sa bien-aimée, dominent poétiquement la distribution.

Aux ballerines italiennes alors en vogue, Serge Lifar oppose un trio de Françaises qu'il fait nommer étoiles de l'Opéra de Paris : Yvette Chauviré (ci-dessus, répétition au Foyer de la danse), Lycette Darsonval et Solange Schwarz. « Je rétablissais en dix ans ce qui s'était perdu depuis plus d'un siècle. »

BOLÉRO

Le renouveau de la danse espagnole

Massine est aussi le chorégraphe par excellence des danses de caractère. Léger, élégant, il fait feu des quatre fers dans le rôle du Meunier du *Tricorne* (de Falla, 1919) pour lequel il a pris des leçons auprès du danseur sévillan Felix. Mais il s'illustre aussi dans son *Capriccio espagnol* (Rimski-Korsakov, 1939) aux côtés de La Argentinita. Dans les années trente, le flamenco fait en effet l'objet d'un spectaculaire renouveau. Pastora Imperio, Pilar Lopez et Vicente Escudero séduisent les publics du monde entier. Mais c'est sans doute la fougueuse et noble Antonia Mercé, dite La Argentina, qui laisse l'empreinte la plus profonde. André Levinson attribue à son génie la « renaissance inespérée d'un art dont la puissance créatrice semblait épuisée ».

Ce regain d'intérêt pour une danse vouée jusqu'alors au cabaret et au music-hall explique que Lifar – après Bronislava Nijinska – porte le *Boléro* de Ravel sur la scène de l'Opéra de Paris (1941) et qu'il règle à son tour *L'Amour sorcier* (de Falla, 1943) avec Teresina dans le rôle de Candelas, la gitane tourmentée. Ce chef-d'œuvre, Argentina et Escudero l'ont fait flamboyer une dizaine d'années plus tôt à la tête des Ballets espagnols.

De Nijinska à Béjart, en passant par Lifar, le *Boléro* de Ravel inspire de très nombreux chorégraphes. Au fil des années, la part espagnole de l'ouvrage aura tendance à s'estomper au profit d'une plus grande abstraction.

À Londres, une renaissance du ballet

L'entre-deux-guerres est une période faste pour le développement de la danse. Quantité de nouvelles troupes voient le jour. C'est ainsi que les Ballets russes de Monte-Carlo se scindent pour donner naissance aux

Ballets de Monte-Carlo (!) de René Blum et aux Ballets russes du colonel de Basil. Au printemps 1938, les deux compagnies rivales sont à Londres. L'une se produit au Théâtre Drury Lane, l'autre à Covent Garden... Au siècle dernier déjà, la capitale britannique accueillait la fine fleur des danseurs du continent : des Vestris à Taglioni. Cependant, faute de patronage royal, aucune compagnie stable comparable à celle de l'Opéra de Paris, de la Scala, de l'Opéra royal danois ou du Bolchoï n'existe encore. C'est dans les spectacles de music-hall, apanage des théâtres privés comme l'Alhambra et l'Empire, que se circonscrit le ballet et qu'a débuté la jeune Edris Stannus, dite Ninette de Valois. Son vœu de constituer une troupe permanente est exaucé lorsqu'elle obtient en 1926 l'appui de Lilian Baylis, la directrice de l'Old Vic Theatre. Ninette de Valois donne des cours aux comédiens et insère ses élèves danseurs dans les ballets que réclame parfois le répertoire dramatique. De fil en aiguille, elle peut présenter une première chorégraphie en lever de rideau de l'opéra *Haensel and Gretel*

Pas plus que les autres compagnies classiques, le Ballet anglais n'échappe pas à la vogue hispanisante... En 1947, Massine est invité par Ninette de Valois à remonter son *Tricorne*. Il a Margot Fonteyn pour partenaire dans le rôle de la Meunière (page de gauche); Margot Fonteyn qui gardera de lui un souvenir ébloui : « Sa précision et son magnétisme sont inoubliables. »

Antonia Mercé, dite La Argentina parce que née à Buenos Aires, de parents espagnols, danse aussi *Le Tricorne* (ci-contre, dans le rôle du Meunier). Toutefois, c'est dans *L'Amour sorcier* qu'elle obtient en 1928 son plus grand triomphe; un ballet qui couronne ses efforts pour soustraire la danse espagnole au folklore des « gitanes de music-hall fabriquées en série à Séville » (A. Levinson) et pour en faire un art classique.

de Humperdinck (1928) : c'est *Les Petits Riens* (Mozart). Le transfert, début 1931, de l'école et de la compagnie qui en dépend dans le théâtre rénové du Sadler's Wells, dans le nord de la capitale, en assure le développement futur. Avec l'aide de Constant Lambert, le conseiller musical, des soirées de ballet sont désormais programmées chaque semaine.

De Valois, Ashton, MacMillan : l'avènement d'une chorégraphie anglaise

Autant la politique artistique de Lilian Baylis et de De Valois met l'accent sur un élargissement du public, autant le Ballet Club de Marie Rambert se veut plus raffiné. Cette compagnie qui a pris ses quartiers au théâtre Mercury (1930) est également l'émanation d'une école, fondée, celle-là, en 1920 déjà. À la différence de Ninette de Valois, Marie Rambert n'est pas chorégraphe. Mais son goût très sûr, bien que moins «classique», l'amène à promouvoir de jeunes talents, à commencer par Frederick Ashton et Antony Tudor. Le ballet britannique est né. Le Sadler's Wells Ballet sera promu compagnie officielle de Covent Garden en 1946.

Le ballet britannique doit son existence à deux femmes ayant chacune fait leurs armes chez Diaghilev : Ninette de Valois (en bas, quelques-unes de ses danseuses) et Marie Rambert (ci-dessus). C'est de l'école que Marie Rambert a ouverte à Londres en 1920 que sortiront le plus clair des artistes qui participeront à ses spectacles dès 1926. Quarante ans plus tard, le Ballet Rambert s'écartera du registre classique pour s'aventurer dans le contemporain.

Frederick Ashton y nourrira une œuvre imposante, fluide, lyrique, musicale, typiquement « british » avec des créations comme *Les Patineurs* (Meyerbeer-Lambert, 1933), *La Fille mal gardée* (Herold-Lanchbery, 1960) ou *Enigma Variations* (Elgar, 1968). « Ashton est l'être humain le plus humain que je connaisse », dit admirativement Margot Fonteyn, son éblouissante interprète dès 1935.

L'American Ballet Theater conserve des racines européennes

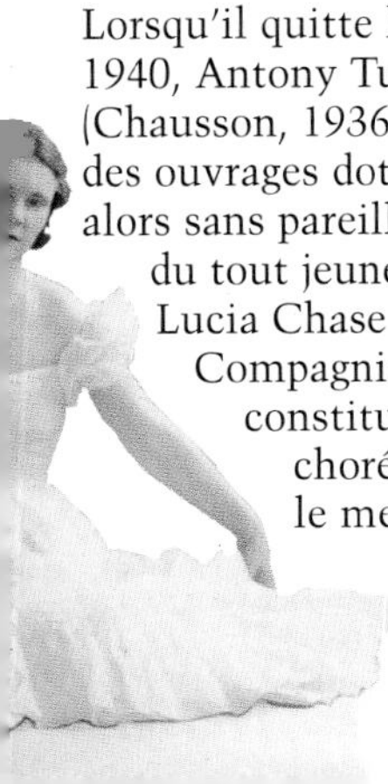

Lorsqu'il quitte l'Angleterre pour les États-Unis, en 1940, Antony Tudor a déjà à son actif *Jardin aux lilas* (Chausson, 1936) et *Dark Elegies* (Mahler, 1937), des ouvrages dotés d'une profondeur psychologique alors sans pareille. À New York, il rejoint l'équipe du tout jeune Ballet Theater fondé par la ballerine Lucia Chase avec pour noyau le Ballet Mordkine. Compagnie de répertoire, le Ballet Theater constitue un véritable conservatoire de la chorégraphie avec les grands classiques et le meilleur de la création contemporaine, de Fokine à Agnes de Mille (*Fall River Legend*, 1948), voire à Balanchine (*Thème et Variations*, 1947).

Margot Fonteyn (ci-contre) représente la danse britannique dans ce qu'elle a de plus sensible, mais aussi de plus réservé, de plus musical et de plus épuré. Au sein du Sadler's Wells, puis du Royal Ballet, elle en assure le rayonnement dans le monde entier. Elle interprète les classiques, naturellement, du *Lac des cygnes* à *La Belle au bois dormant*. Mais ce sont les créations de Frederick Ashton – *Nocturne* (1936), *Symphonic Variations* (1946), *Ondine* (1958) et *Marguerite et Armand* (1963) – qui lui offrent les rôles les plus marquants.

À en croire le critique anglais Richard Buckle, « Margot est au cœur même du classicisme. Saisir dans leur coordination les mouvements de sa tête, de ses bras et de son torse, c'est prendre une leçon sur la nature de l'art ». En 1961, sa rencontre avec cet autre modèle classique qu'est Rudolf Noureev, pourtant de vingt ans son cadet, donne une impulsion nouvelle à son exceptionnelle carrière.

Tout oppose les démarches artistiques du Ballet Theater – rebaptisé American Ballet Theater en 1957 – et du New York City Ballet, ultime avatar d'une série de compagnies «balanchiniennes» : American Ballet (1935), American Ballet Caravan (1941), Ballet Society (1946)... Le premier collectionne les étoiles internationales, souvent d'origine européenne. Le second fait sien le principe : «No star, all stars!» Ici, un très large répertoire portant la griffe d'une multitude de chorégraphes, là l'œuvre d'une vie : celle de George Balanchine.

Bien que fort différents par nature, les répertoires de Balanchine et de Robbins coexistent, en parfaite intelligence, au sein du New York City Ballet. Il arrive même aux deux maîtres de régler une chorégraphie commune. *Pulcinella*, à mi-chemin entre la commedia dell'arte et les Marx Brothers, porte leur double signature (ci-dessus, Balanchine, Robbins et les danseurs de la création, Festival Stravinski, 1972).

Balanchine et Robbins, gloires du ballet américain

Naguère à la tête des Ballets 1933, au côté de Boris Kochno, Balanchine s'est laissé convaincre par le jeune mécène américain Lincoln Kirstein de quitter la France pour aller implanter la danse classique aux États-Unis. Un travail de longue haleine dont la première étape est l'ouverture, à New York en 1934, d'une école, dont beaucoup de professeurs sont russes : la School of American Ballet. À partir de *Sérénade* (Tchaïkovski, 1934), sa première chorégraphie «américaine» réglée pour les élèves de la School of American Ballet, Balanchine développe un style sophistiqué quoique généralement abstrait. La plupart de ses ballets sont dépourvus d'argument. Il faut « laisser la danse être la vedette du spectacle », dit-il. Une danse qui réunit vitalité, vitesse, phrasé, défi à la gravité, contrôle, musicalité surtout; et qui se déleste de tout le « superflu » : décors, costumes.

Ce sens de l'innovation doublé d'un profond respect de la tradition ne peut que séduire Stravinski. Inversement, Balanchine admire chez son compatriote, émigré comme lui, une musique « pure et dure ». Dans le sillage d'*Apollon Musagète*, et à la faveur d'une amitié qui ne se démentira jamais, une kyrielle de chefs-d'œuvre voient le jour, du *Baiser de la fée* (1937) et de *Jeux de cartes* (1937) à *Orpheus* (1948), *Agon* (1957) ou *Ebony Concerto* (1960). Tout en gardant vivant dans son tréfonds un peu de la vieille Russie, Balanchine fait sien son pays d'adoption. *A Ballet Imperial* (Tchaïkovski, 1941) répond ainsi *Stars and Stripes* (Hershy Kay d'après Sousa, 1958). Il règle aussi les danses des comédies musicales *On your Toes* (1936) et *Cabin in the Sky* (1940) ainsi que celles du film *Goldwyn Follies* (1938). Durant ces années de crise économique que sont les « thirties », les usines à rêves de Broadway et surtout de Hollywood tournent à plein régime.

Apollon Musagète (ci-dessus) constitue un tournant dans l'œuvre de Balanchine (ci-contre). En 1928, lorsqu'il découvre la partition de Stravinski, il comprend que « les gestes comme les sons en musique et les teintes en peinture, ont certaines similitudes. Ils imposent leurs propres lois ». À compter d'*Apollon*, ses chorégraphies deviennent plus structurées.

À l'inverse de Lifar qui était son propre interprète, Balanchine a tôt arrêté de danser pour se consacrer à la chorégraphie. Mais, dans le studio, il ne se prive pas pour autant de décortiquer lui-même tous les pas. « D'abord vient la sueur, dit-il. Puis vient la beauté, si vous avez beaucoup de chance et que vous avez prié. »

Si Balanchine tient Fred Astaire pour le plus grand danseur, «ballet is woman», se plaît-il cependant à répéter. Et il est vrai qu'à de rares exceptions près, il voue tout son génie à la célébration de la ballerine dont il redéfinit la silhouette : jambes étirées, bras fins, tête menue articulée sur un long cou. Pour ses quatre épouses-muses – Geva, Zorina, LeClerq et Maria Tallchief –, comme pour une multitude d'autres artistes, Balanchine tresse plus d'une centaine de chorégraphies, dont beaucoup figurent parmi les œuvres marquantes de ce siècle : *Les Quatre Tempéraments* (Hindemith, 1946), *Symphonie en ut* (Bizet, 1947)…

Incontestablement c'est la comédie musicale *West Side Story*, sur scène d'abord en 1957, puis à l'écran dès 1961 (ci-dessous), qui fait connaître Jerome Robbins au grand public.

Bien que le New York City Ballet porte sa griffe, le répertoire de cette compagnie ne se réduit pas aux ouvrages de Balanchine. Jerome Robbins est aussi à l'honneur. C'est avec un coup de maître – *Fancy Free*, sur une musique de Bernstein, où l'on voit trois marins en goguette – que Robbins fait ses débuts de chorégraphe en 1944. Cinq ans plus tard, quittant l'American Ballet Theater, il rejoint Balanchine et Kirstein à la tête du New York City Ballet. Un chapelet de chefs-d'œuvre en résulte : *Age of Anxiety* (Bernstein, 1950), *The Cage* (Stravinski, 1951), *Afternoon of a Faun* (Debussy, 1953)... Parallèlement, Robbins travaille pour Broadway où ses chorégraphies – et souvent ses mises en scène – remportent d'éclatants succès : *The King and I* (1951), *Peter Pan* (1955), *West Side Story* (1957), *Gipsy* (1959), *Fiddler on the Roof* (1964)... Dans cette dernière comédie musicale comme dans le ballet *Dybbuk* (Bernstein, 1973), il renoue avec ses origines de Juif russe.

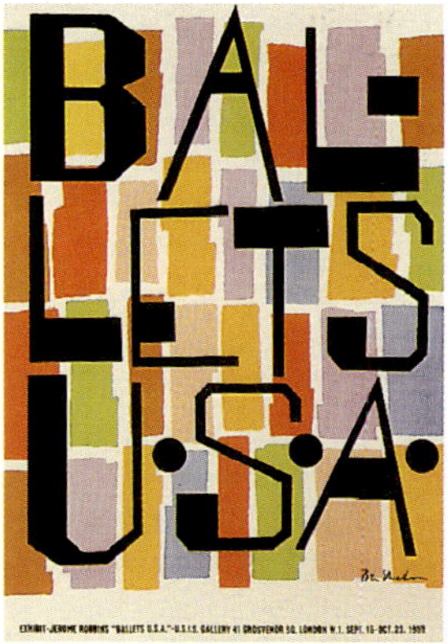

Contre le corset académique...

Protégée des influences étrangères par son rideau de fer, la Russie sacrifie, elle, à la virtuosité dans de vastes fresques narratives.

Bolchoï, Kirov... ses grandes compagnies dansent en rond : *Le Lac des cygnes, Casse-Noisette, Giselle, La Fontaine de Bakhtchissaraï, Roméo et Juliette*... Alors que les années vingt laissaient augurer des lendemains qui chantent, les diverses avant-gardes – constructivisme en tête – se sont retrouvées muselées. Aussi prestigieux soient-ils, qu'ils s'appellent Oulanova, Dudinskaya, Besmertnova, Semyonova, Lavrovski ou Vassiliev, les artistes sont coincés dans un répertoire sans surprise. Ils se satisfont de leur

C'est pour le Festival de Spolète, en 1958, que Jerome Robbins constitue ses éphémères Ballets USA (ci-dessus, affiche). Tel Janus, il a deux visages. Certaines de ses chorégraphies, *Dances at a Gathering* (Chopin) et *Other Dances* (Chopin) tout particulièrement, s'inscrivent dans une tradition classique qu'il contribue fortement à renouveler. D'autres comme *Interplay* (Gould) ou *NY Export : Op. Jazz* (Prince) intègrent des mouvements de jazz. Seul de son espèce, Robbins est consacré à la fois par Broadway et Hollywood et par les compagnies de danse les plus selects : New York City Ballet, Opéra de Paris, Royal Ballet...

appartenance à une nomenklatura privilégiée. Quelques-uns rêvent toutefois de challenges artistiques plus stimulants que le Prix Lénine. En 1961, Rudolf Noureev profitera d'une tournée en France pour faire défection. C'est dans *La Belle au bois dormant* du Grand Ballet du marquis de Cuevas qu'il fera ses débuts « occidentaux ». Neuf ans plus tard, autre prestigieuse transfuge, Natalia Makarova faussera à son tour compagnie au Kirov.

... la liberté à la française

De sa lointaine Russie, Noureev a entendu parler de la jeune garde du ballet européen, français en particulier. Roland Petit et Maurice Béjart en sont les figures de proue. Que ce soit à la tête des Ballets des Champs-Élysées (1945) ou des Ballets de Paris (1948), Roland Petit s'inscrit dans la lignée des Diaghilev, Maré et Basil. À ses séduisantes chorégraphies, il excelle à associer écrivains, peintres, décorateurs et stylistes de grand talent. *Les Forains* (1945), par exemple, réunit les noms de Boris Kochno, Henri Sauguet et Christian Bérard. Le succès de *Carmen* (1949, décors de Clavé), à l'érotisme ravageur, propulse Roland Petit et sa

muse Zizi Jeanmaire, sur le devant de la scène internationale. Brièvement danseur chez Roland Petit, Maurice Béjart se voue dès 1950 à la chorégraphie. L'espace de quelques années, ce fils d'universitaire – Gaston Berger, son père, est le concepteur de la prospective – trouve son langage. En 1955, sa *Symphonie pour un homme seul* fait l'effet d'un coup de tonnerre. Libre de toute anecdote, ce duo met en scène un homme éperdu de solitude et une femme sauvagement sensuelle. «Que le danseur moderne, sans costume ni décor, soit sans tambour ni trompette!», commente Pierre Schaeffer – auteur avec Pierre Henry de la musique concrète du ballet. «Au rythme de son propre cœur, s'il est sincère, sa danse sera plus vraie.» Dégagée de toute convention – chorégraphique, décorative,

L*a Belle au bois dormant* est un ballet fétiche pour Rudolf Noureev. C'est avec la production du Kirov qu'il se rend à Paris en 1961. Et c'est dans le même ouvrage, mais sous l'égide du marquis de Cuevas, qu'il fait ses débuts de «transfuge» quelques mois plus tard – il vient de demander l'asile politique.
Sa carrière est fulgurante. Boulimique de la scène, ce nomade parcourra tous les continents, les plus grandes compagnies, les meilleurs chorégraphes – jusqu'à Martha Graham – se disputant son concours. Sa quête d'absolu, son exigence extrême et un magnétisme rare le placent au nombre des monstres sacrés du ballet.

L*e Jeune Homme et la Mort* (chorégraphie Petit, musique Bach, livret Cocteau) offre à Jean Babilée, en 1946, le rôle de sa vie (en haut). Celui d'un artiste qui, dans son atelier, attend la femme de ses rêves. Une corde ponctuera la rencontre. La froide séductrice n'est autre que la Mort. Mettant leurs pas dans ceux de Babilée, Noureev, Barychnikov, Dupond, Belarbi et Le Riche, notamment, brilleront à leur tour dans ce chef-d'œuvre.

musicale –, la danse de Béjart marque en effet une rupture. La critique croit y voir l'influence de Martha Graham et de Kurt Jooss. D'autres créations témoignent de cette volonté d'épurement : *Voyage au cœur d'un enfant* (Pierre Henry), *Haut-voltage* (Marius Constant et Pierre Henry). À la tête des Ballets de l'Étoile (1953), et surtout du Ballet-Théâtre de Paris (1957), Béjart propose une redéfinition de la danse dont son *Sacre du printemps* (1959) sera la parfaite illustration, « hymne à cette union de l'Homme et de la Femme au plus profond de leur chair, union du ciel et de la terre, danse de vie et de mort, éternelle comme le printemps ». À Bruxelles dès 1960, Béjart fait de son Ballet du XXe siècle le vecteur de ses conceptions novatrices. La bacchanale qu'il règle pour *Tannhäuser*, à Bayreuth (1961), défraie la chronique. « Obscène ! », s'indigne-t-on.

Un homme de théâtre complet

Ce chorégraphe de génie – *Boléro* (1961), *L'Oiseau de feu* (1970) –, est un homme de théâtre complet. Il écrit pour la scène – *La Reine verte* (1963), *A-6-Roc* (1992) –, monte des pièces telle *La Tentation de saint Antoine* (Flaubert, 1967) et des opéras comme *Don Giovanni* (1980). Sa force tient pour une bonne part au prodigieux sens du spectacle avec lequel il destructure la narration (*Nijinski, clown de Dieu*). Béjart bouscule le spectateur avec des montages musicaux provocateurs (Mozart et les chansons du groupe Queen pour *Le Presbytère...*), de riches références littéraires (Artaud pour *Heliogabale*)

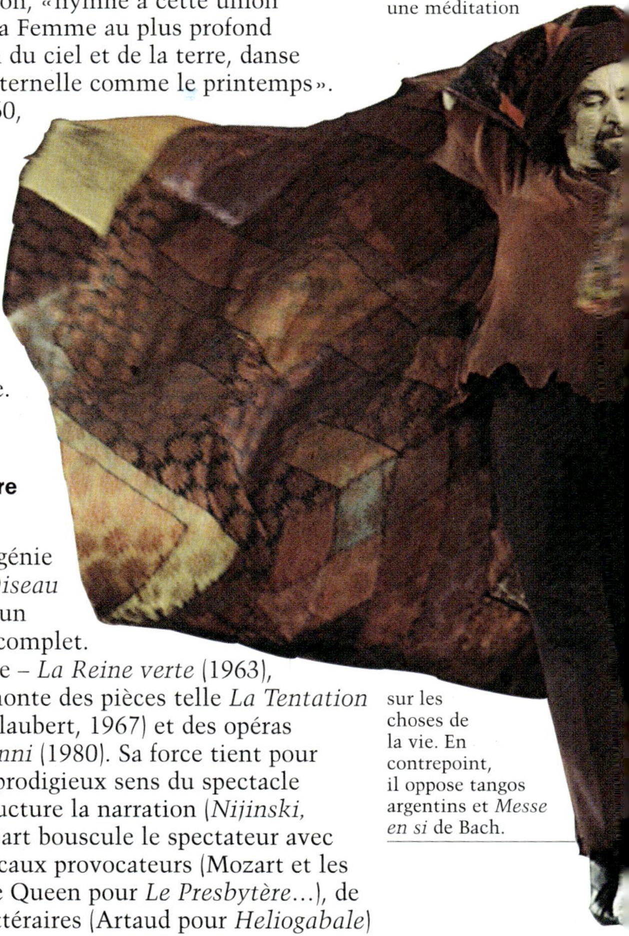

Dans *Notre Faust* (1975, ci-dessous), Béjart explore un thème qui trouve en lui de multiples résonances métaphysiques. Arrivé tel Faust – qu'il incarne sur scène – au milieu de son existence, le chorégraphe propose une méditation sur les choses de la vie. En contrepoint, il oppose tangos argentins et *Messe en si* de Bach.

et sa capacité à traiter de thèmes jusqu'alors étrangers au ballet (la fraternité humaine dans *IXe Symphonie de Beethoven*). Amenant la danse dans les parcs des sports comme dans la Cour d'honneur du Palais des Papes, à Avignon (de 1966 à 1969),

Béjart élargit considérablement son public. Et avec des interprètes emblématiques comme Germinal Casado, Paolo Bortoluzzi, Daniel Lommel et surtout Jorge Donn, plus tard avec Eric Vu An et Gil Roman, il rend à la danse masculine sa grandeur passée. Autant de motifs pour lesquels on est tenté de penser que Maurice Béjart laissera, dans l'histoire de son art, une empreinte plus profonde que les autres figures de proue du ballet néo-classique, les John Cranko, Kenneth MacMillan, John Neumeier ou Jiri Kylian.

Au Ballet du XXe siècle comme au Béjart Ballet Lausanne, le star-system n'est pas de mise. C'est sur le chorégraphe que se focalise l'attention du public. Mais toute règle connaît des exceptions. En Jorge Donn (au centre dans *I Trionfi di Petrarca*, 1974), Béjart a trouvé un interprète essentiel qui alimente continuellement son inspiration, de *Roméo et Juliette* à *Bhakti*, de *Nijinski, clown de Dieu* au *Boléro*... Par-delà sa mort, en 1992, ce félin à la blonde crinière et au puissant rayonnement demeurera à jamais l'emblème d'une aventure chorégraphique unique. D'autres stars ont illuminé l'œuvre de Béjart, Sylvie Guillem (à gauche, dans *Boléro*) et Patrick Dupond (ci-dessus, à droite, dans *Symphonie pour un homme seul*). Loin de ne leur offrir que des reprises, le chorégraphe se plaît à créer sur mesure pour eux.

Narration contre abstraction

Comme la peinture et la sculpture, la danse a pris le virage de l'abstraction. À ceux qui «croient encore que le ballet est un art semblable au théâtre, à la littérature et au cinéma», Balanchine déconseille de chercher à comprendre. «Pour aimer le ballet, dit-il, il faut le regarder, il n'est pas nécessaire d'y penser.» Une opinion partagée par nombre de chorégraphes, de Cunningham à Kylian (pages suivantes, *Bella Figura*, avec Muriel Zusperreguy et Laetitia Pujol). Il en est pourtant qui, tout en réglant à l'occasion des pièces dépourvues d'argument, n'en excellent pas moins dans les ballets narratifs. Roland Petit et John Neumeier sont de ceux-là. La liste des œuvres littéraires que le premier a portées à la scène est longue, de *Notre-Dame de Paris* (Victor Hugo, ci-contre avec Marie-Agnès Gillot et Manuel Legris) à *Chéri* (Colette). Neumeier s'est notamment inspiré de Shakespeare (*Le Songe d'une nuit d'été*, à gauche, en haut, avec Delphine Moussin). Sa passion pour Nijinski l'a amené à régler le ballet éponyme où défilent les moments-charnière de la vie du danseur (à gauche, en bas, avec Anna Polikarpova et Jiri Bubenicek).

A compter des «sixties», la danse éclate sous l'effet d'une multitude de charges. États-Unis, puis France... De jeunes chorégraphes remettent en question tous les acquis, Cunningham comme Balanchine. Post-modernisme, «next wave», nouvelle danse... au-delà des étiquettes, un surcroît de liberté est conquis.

CHAPITRE 5

L'EXPLOSION

Qu'y a-t-il de commun entre les images oniriques du butoh façon Sankaï Juku (page de gauche) et le classicisme déconstruit de William Forsythe (ci-contre, pose de *Hermann Schmermann*)? Rien, sinon que ces créations datent de cette fin du XXe siècle. Sans préjudice d'école, de courant ou de style, la danse éclate dans toutes les directions.

Au début des années soixante, dans le « loft » new-yorkais de Merce Cunningham, Robert Dunn dirige un atelier d'analyse et de composition chorégraphiques où il applique les concepts de John Cage sur le hasard et l'indétermination. Tous autant qu'ils sont, les jeunes danseurs qui suivent ce *workshop* (atelier) souhaitent repousser les limites de leur art. L'Amérique – du moins, celle des côtes Est et Ouest – passe elle-même par un processus de remise en question, sous la pression des « minorités » – Noirs, femmes, étudiants, homosexuels. En travaillant comme ils le font sur leur propre corps, les danseurs sapent l'une des valeurs de la société américaine : le puritanisme.

Venue aux techniques Graham, Limon et Cunningham, *via* la gymnastique, l'acrobatie et les claquettes, Trisha Brown compte parmi les piliers de la Judson Church (ci-dessus, une chorégraphie récente, *Another Story as In Falling*).

L'Amérique des années soixante est secouée par une vague de revendications. Celles du « Black Power » (à gauche, affiche publiée après l'assassinat du pasteur noir Martin Luther King, promoteur des droits civiques) ne sont pas les moindres.

Non au spectacle, oui à l'événement

Trisha Brown, Yvonne Rainer et Simone Forti ont participé, en 1959, à un stage d'Anna Halprin, sur la West Coast. Elles en ont conservé l'idée que des activités de toute nature, qu'elles relèvent du travail – comme laver un sol, donner un coup de balai – ou du jeu, peuvent nourrir la danse. Et de revendiquer la liberté de substituer aux mouvements stylisés ce que d'aucuns appelleront les «ready-made» de l'activité humaine – marcher, courir, s'asseoir, se vêtir, se dévêtir… –, la liberté aussi d'intégrer des objets réels à leurs danses, de jouer avec le hasard et, bien sûr, d'improviser. À l'instar de ce qui se passe au Living Theatre, l'improvisation sera la clé de voûte de l'activité du Grand Union, un collectif qui, dès 1970, réunira Yvonne Rainer, Trisha Brown, Barbara Lloyd, David Gordon, Steve Paxton, entre autres. «Non au spectacle, non à la virtuosité, non aux métamorphoses, au magique, aux faux-semblants, non au charme, […] non aux émotions», proclame Yvonne Rainer.

Les recherches de la Californienne Anna Halprin (ci-contre, *Experiments in Environment*, 1967) ne sont pas sans influencer les New-Yorkais qui fréquentent ses «Summer Workshops», en particulier Yvonne Rainer et Meredith Monk.

C'est au cœur de Greenwich Village, à New York, qu'une effervescence artistique va exercer une action marquante sur la danse. Réunis par affinités, peintres, poètes, comédiens et naturellement danseurs disent non au «système» établi. Celui des musées, des galeries, des maisons d'édition et des théâtres. Expression privilégiée de ce nouveau bouillonnement, les soirées au cours desquelles ces «performers» affirment leur rejet de l'«illustration théâtrale». Certains d'entre eux n'auront qu'une brève trajectoire. D'autres comme Trisha Brown (ci-contre) développeront au fil des années un travail riche et complexe.

Pour elle et pour tous ceux qui partagent ses vues, il convient de substituer le concept, ouvert, d'événement (*event*, *happening*) à celui, plus fermé, de spectacle.

Le Judson Dance Theatre, sanctuaire post-moderne

Faute de moyens financiers, ces chorégraphes ne peuvent présenter leurs travaux dans les théâtres. Ils ne souhaitent pas non plus se plier aux contraintes économiques du show business. Cofondé par Yvonne Rainer et Steve Paxton (1962), le Judson Dance Theatre, à Washington Square, devient vite le sanctuaire de ceux que l'on qualifiera de post-modernes. Dans ce vaste espace, tous les possibles sont expérimentés. Les plasticiens Robert Morris et Robert Huot, casqués et porteurs d'une armure, croisent le fer dans *War* (1963), cependant que retentissent les coups de gong de LaMonte Young. Dans *Motor*, premier volet du triptyque *A String* (1966), Trisha Brown se meut avec un projecteur de cinéma accroché sur le dos. Autant dire qu'une telle remise à plat ne va pas sans susciter la controverse. «Désastre au Village», titre ainsi Clive Barnes, le critique du *New York Times*, après un spectacle de Paxton, Gordon et Rainer. «Purement et simplement pitoyable.»

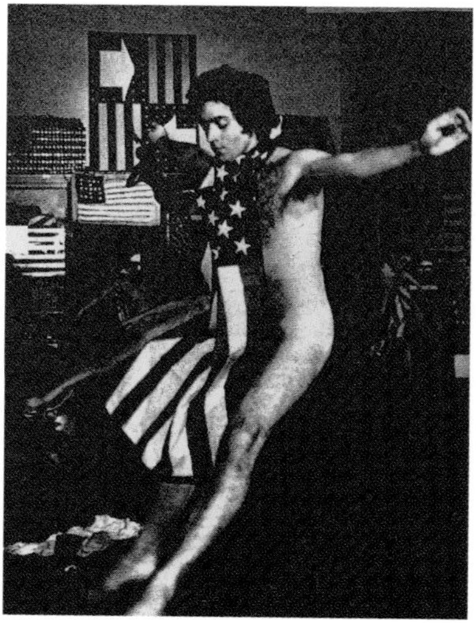

La technique – et encore moins la virtuosité – n'est jamais un but en soi. Dans un même élan de liberté, tous ces «performers» rejettent le spectacle consommation au bénéfice du spectacle communion.

C'est couverts de la seule bannière étoilée – celle-là même que les manifestants contre la guerre du Viêt-nam vont brûler – que dansent les participants à *Trio A* d'Yvonne Rainer (1970, ci-contre), tel David Gordon. À la Judson Church, la danse revendique une dimension éthique, sinon politique.

Ainsi Trisha Brown intime-t-elle au public de crier et même de la huer, faute de quoi elle ne dansera pas (*Yellowbelly*, 1969)!

Steve Paxton choisit une autre manière d'interpeller les spectateurs. Dans *Air* (1973), quatre moniteurs TV sont juxtaposés. Le premier propose une de ses improvisations; le deuxième, un film pornographique; le troisième, Oulanova dans *La Mort du cygne*; et le dernier, le président Nixon s'exprimant sur le Watergate! En développant le «contact improvisation», forme de danse exigeant un contact physique quasi permanent entre les danseurs, Paxton interroge à la fois le sens du toucher et les lois de la gravitation. De sa longue pratique sportive, il retient un engagement physique prononcé auquel il associe d'ailleurs aïkido et tai-chi.

Comme Meredith Monk, Trisha Brown extrait la danse de son écrin théâtral fermé pour la propulser dans toutes sortes d'espaces publics ouverts. Dans *Roof Piece* (ci-dessus), quinze danseurs sont répartis sur neuf immeubles de Manhattan... Dans *Man Walking Down the Side of a Building* (1970), un danseur encordé arpente même une façade de Wooster Street.

Dans la rue et les parcs, sur les toits

Lorsqu'elle crée sa pièce *Juice* (1969), Meredith Monk occupe la rampe hélicoïdale du musée Guggenheim. Le public est invité à circuler parmi les danseurs. C'en est fini de toutes ces conventions réglant les positions respectives des artistes et des spectateurs! Il arrive aussi à Meredith Monk de s'installer dans des parkings, des garages, des lofts, entre autres espaces publics. De la même manière, Trisha Brown investit tous les lieux disponibles, des galeries d'art aux toits d'immeubles. À l'instar du sculpteur Arman, Trisha Brown développe le concept des «accumulations». Son essai initial, en 1971, dure quatre minutes et demie. Le premier mouvement (répété sept ou huit fois) consiste en une rotation du poing avec l'index tendu; s'y ajoute un deuxième mouvement, un et deux étant exécutés huit fois; puis un troisième, un, deux et trois se répétant encore; et ainsi de suite.

Les arts visuels dominent la scène artistique des «sixties». Robert Wilson est d'ailleurs peintre lui-même. Et il pose un regard de plasticien sur ses productions – des «opéras», dit-il, comme *Einstein on the Beach* (ci-dessous et page de droite; musique de Phil Glass).

Une danse aléatoire et minimaliste

Quelques années plus tard, Trisha Brown entame un nouveau cycle. *Opal Loop* (1980) laisse à ses interprètes une certaine liberté d'appréciation. «Chaque danseur travaille sa propre phrase tout en partageant la même danse avec les autres.» L'aléatoire ne reste pas circonscrit, comme chez Cunningham, au processus de composition ou à l'ordonnancement des différentes séquences; l'aléatoire se glisse dans le déroulement même de la «pièce» (le mot anglais *piece* est préféré à celui de *choreography* et, naturellement, à celui de *ballet*).

Ce minimalisme tient de la réaction contre la société d'abondance. Il trouve aussi son expression en musique. Des compositeurs comme Phil Glass, Steve Reich, Terry Riley ou John Adams inspirent, d'ailleurs, nombre de chorégraphes, Laura Dean en tête.

Mais l'œuvre de Wilson se présente aussi comme un théâtre du geste. Le travail des artistes de la Judson Church, et tout particulièrement celui d'Yvonne Rainer à la pureté minimaliste, trouve en lui un évident écho.

C'est des cours pris auprès de Byrd Hoffman, un professeur de ballet rencontré alors qu'il était adolescent, que procède le sens du «ralenti» qui empreint les spectacles de Robert Wilson. La danse restera présente dans toutes ses mises en scène. D'une durée de près de cinq heures, *Einstein on the Beach* (ci-contre, 1976) «opéra» pour soprano, petit chœur et danseurs, propose une vision poétique d'Albert Einstein, considéré non seulement comme savant, mais aussi comme musicien et humaniste. Cette production révèle au public international les fortes personnalités de Lucinda Childs, Sheryl Sutton et Andy de Groat, notamment. Autant de danseurs que l'on retrouve dans d'autres productions – *Deafman Glance, A Letter for Queen Victoria, I Was Sitting on my Patio, Civil Wars*... et jusqu'à *La Maladie de la mort* (Marguerite Duras) où, en 1996, Lucinda Childs donne la réplique à Michel Piccoli.

Spectacle, virtuosité, plaisir : à nouveau à l'ordre du jour

Allant jusqu'au bout de leurs idées, certains membres du Judson Dance Theatre finissent par se détourner de la danse. Yvonne Rainer s'intéresse au cinéma, Meredith Monk à la musique. D'autres, au contraire, renouent avec la notion de «spectacle». Interrogée sur les raisons de son allégeance ultérieure aux normes du théâtre (costumes, décors, musique), Trisha Brown répond laconiquement : «Dans les années soixante, je débutais...»

L'évolution de Twyla Tharp est encore plus radicale. Ses premiers essais à la Judson Church sont si austères que Marcia Siegel, critique pourtant éminemment favorable à l'avant-garde, y voit la transformation d'«opérations aléatoires en

Fascinée par le concept de «jeu», de «parade», Twyla Tharp commence par essaimer ses danseurs dans les jardins publics, les gymnases, les musées. Puis elle renoue avec les théâtres où elle fait éclater des chorégraphies ahurissantes qui intègrent classique, moderne, jazz, danse acrobatique et danse de salon. Elle fait exploser l'espace : dans *In the Upper Room* (ci-dessus), les danseurs ne fusent pas que de cour et de jardin, mais aussi de la pénombre qu'un jeu d'éclairage tisse savamment au fond de la scène.

Pour Twyla Tharp, aucune musique n'est à rejeter *a priori*. Elle chorégraphie Brahms, mais aussi Chuck Berry, Paul Simon, Frank Sinatra, Bruce Springsteen, voire Supertramp! Et les danseurs de débouler, rouler, glisser, basculer, s'envoler... Autant dire que les numéros dansés qu'elle règle pour le film *Hair* exigent d'eux une belle santé!

monotonie mathématique». Par la suite, Twyla Tharp ironisera : «À la Judson, vous ne pouviez que marcher ou courir. Danser, c'était trahir la cause». Loin de privilégier le silence comme d'autres, Twyla Tharp ne cache pas son goût pour la pop music. *Deuce Coup* (1973), chorégraphie destinée au Joffrey Ballet, est structurée sur quatorze chansons des Beach Boys.

Dans *Push Comes to Shove* (1976), une commande de l'American Ballet Theater pour Mikhail Barychnikov, elle mêle la symphonie *L'Ours* de Haydn à des ragtimes de Joseph Lamb! En 1979, elle signe même la chorégraphie du film *Hair* de Milos Forman.

L'énergie d'une société survitaminée

Néanmoins, à flirter ainsi avec le show business, Twyla Tharp ne perd pas son âme. À l'instar de son aîné Jerome Robbins, elle parvient à concilier la légèreté d'être et une exigeante rigueur. Comme lui, elle propose une danse métissée, mêlant l'ancien et le nouveau, le blanc et le black, le chic et le choc. Une danse qui traduit la créativité de la société américaine, alors survitaminée. Cette créativité, on la trouve, en plus acrobatique, dans le travail de Pilobolus. Fondé en 1971 par quatre étudiants sportifs de l'Université de Darthmouth, ce collectif met au point une forme particulièrement originale de spectacle reposant sur un humour décapant, une maîtrise musculaire totale ainsi que sur une plasticité qui s'exprime dans des appareillements contorsionnistes et des constructions équilibristes.

Autre manifestation de la vitalité et de la capacité imaginative des années soixante-dix aux États-Unis, les spectacles de Pilobolus. Ce quatuor va faire souffler un vent de folie sur la scène chorégraphique. Nulle trace d'intellectualisme dans ces numéros où la performance physique le dispute à la fantaisie la plus débridée. Tournant le dos à Martha Graham, à Merce Cunningham et à tous ses grands aînés, Pilobolus (ci-dessus dans *Stabat Mater*) considère la danse avec légèreté et esprit.

Le corps dans toute son innocence

À l'instar d'autres tabous, celui de la nudité est en passe de disparaître. En 1965, *Parades and Changes* d'Anna Halprin suscite encore la controverse. Les huit danseurs se débarrassent très lentement de leurs vêtements. Lorsqu'ils sont complètement nus, ils se rhabillent à la même cadence, pour se dépouiller à nouveau. C'est ce que la chorégraphe appelle du « body art ». Dans la foulée, *Oh! Calcutta* (1969),

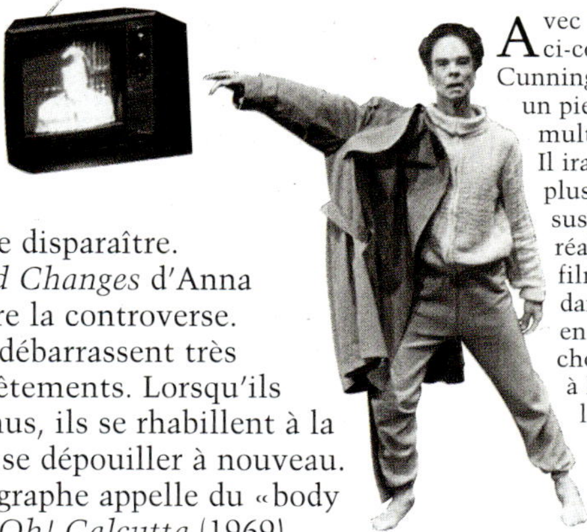

Avec *Tango* (1978, ci-contre), Merce Cunningham a déjà un pied dans le multimédia. Il ira beaucoup plus loin en suscitant la réalisation de films de vidéo-danse, puis en réglant ses chorégraphies à l'aide d'un logiciel informatique.

spectacle provocateur (avec notamment des sketches de John Lennon et de Sam Shepard), comprend un superbe duo dansé – et intégralement nu – de Margo Sappington, *One on One*; seule séquence à faire l'unanimité de la critique.

Plus étonnant, parce que créé pour une compagnie de ballet subventionnée, le Nederlands Dans Theater, *Mutations* (1970) de Glen Tetley et Hans van Manen aligne notamment un trio masculin et un duo mixte exécutés dans le plus simple appareil. Ce spectacle audiovisuel – des séquences filmées sont projetées sur un écran – traduit violemment les sentiments d'autorité et de vulnérabilité humaine. Et c'est précisément cette accentuation de l'expression dramatique que la nudité peut susciter lorsque les chorégraphies sont signées Flemming Flindt (*Triumph of Death*, 1972), Maguy Marin (*Babel Babel*, 1982) ou Mats Ek (*Giselle*, 1982). Le butoh, un courant japonais déclenché dans les années soixante par Tatsumi Hijikata, dépouille également les corps – et les âmes – pour offrir, quant à lui, comme «une forme de régression dans l'obscurité, de fuite de la lumière».

Nikolais - Cunningham : pour une danse multimédia

Malicieusement, Alwin Nikolais projette sur les maillots de ses interprètes l'image de leur propre corps nu (*Scenario*, 1971)... Danseur, puis chorégraphe, mais aussi musicien, peintre, marionnettiste, éclairagiste, scénographe, Nikolais poursuit de fantasmagoriques recherches marquées au coin du «son et lumière». Avec lui, la danse entre dans l'ère du multimédia. Le développement ultérieur des technologies numériques repousse les

En homme d'image, Alwin Nikolais (ci-contre, *Liturgies*) a beaucoup travaillé pour la télévision. Inversement, celle-ci a enrichi son vocabulaire et diversifié ses méthodes de travail à la fois comme peintre et musicien. Mais chorégraphe et pédagogue avant tout, il n'en maintient pas moins le mouvement au centre de son travail.

Le courant expressionniste a trouvé comme un nouvel avatar dans le mouvement nippon du butoh; un mouvement dont les racines plongent dans la crise morale d'après-guerre. Le Japon est alors tiraillé entre tradition et essor industriel. Il porte encore les stigmates de la bombe atomique. À l'instar de la danse germanique des années vingt, le butoh s'affirme danse de rupture. À l'effort que déploie d'ordinaire le danseur pour échapper à la pesanteur, il oppose volontiers l'état de prostration (page de gauche, *Netsu no Katachi*, de Sankai Juku).

limites du possible : les capteurs sensoriels portés par les danseurs génèrent des sons et des images; les caméras placées sur scène non seulement multiplient les points de vue, mais permettent aux interprètes de danser avec leur image virtuelle; des «hybridations» mélangent enregistrements vidéo et séquences filmées en temps réel par les danseurs eux-mêmes; des simulations 3D composent des décors dynamiques; etc.

Les nouvelles technologies influent sur le processus de création lui-même (ci-dessus, *Des Horizons nouveaux* de Hervé Robbe, exploration poétique de la nature au moyen de la vidéo). On citera notamment les systèmes de capture de mouvements permettant d'analyser la chorégraphie en temps réel, les logiciels de simulation (tel Lifeforms, utilisé par Cunningham) et de notation de mouvements (Laban Writer et MacBenesh).

La danse classique se met en question

Terre d'élection d'une nouvelle forme de danse contemporaine, la France a bénéficié, dès l'après-guerre, du travail d'une brochette de pionniers d'obédiences diverses : Françoise et Dominique Dupuy avec les Ballets modernes de Paris (1954), Karin Waehner, une élève de Wigman, avec le Théâtre d'Essai de la danse (1955), mais aussi Jerome Andrews et Jacqueline Robinson.

La remise en question que 1968 provoque au sein même du ballet classique, avec sa stricte hiérarchie et son formalisme convenu, suscite le départ de l'Opéra de Paris de Michel Descombey (1969), ainsi que de Brigitte Lefèvre et Jacques Garnier (1972) qui s'associeront pour créer le Théâtre du Silence. Transfuge, quant à lui, des Ballets de Roland Petit (1969), Félix Blaska déclenche un mouvement d'intérêt pour ses chorégraphies roboratives qui rajeunissent le public. Le développement de la danse française dans les années soixante-dix est lié à ces différentes démarches ainsi qu'à celles des Anglo-Saxons Susan Buirge, Peter Goss et Joseph Russillo, chorégraphes certes, mais aussi professeurs.

Avec Carlson, l'Opéra s'ouvre à la recherche

Le Ballet Théâtre Contemporain (Amiens, 1968; Angers, dès 1972) offre une utile vitrine à l'élan artistique de l'après-1968. Foyer de création à vocation interdisciplinaire, le BTC reprend la profession de foi des Ballets russes et suédois, en convoquant musiciens, peintres, sculpteurs et chorégraphes – qu'ils soient de formation classique comme Blaska, Descombey, Neumeier, ou contemporaine comme Louis Falco, Lar Lubovitch, Viola Farber...

Sous l'impulsion de Rolf Liebermann, nouvel administrateur, l'Opéra de Paris s'enrichit d'un Groupe de recherche dont Carolyn Carlson, désormais «étoile-chorégraphe», prend la direction (1975). Ainsi se développe un théâtre poétique dont *L'Or des Fous / Les Fous d'or* (1975) ou *The Year of the Horse* (1978) sont autant d'expressions. Carolyn Carlson amène un large public à partager ses rêves éveillés.

Carolyn Carlson : une ligne de liane (ci-dessous, dans *Il Vuelto dell'acqua*), une gestuelle sans pareille, et des spectacles d'une grande poésie. Représentations au Festival d'Avignon, tournées dans les Maisons de la culture dont la décentralisation parsème la France. Carlson exerce une profonde influence sur les jeunes chorégraphes des années quatre-vingt, par le biais des cours d'improvisation et de composition qu'elle donne à Paris ou à Venise.

Naissance de la «génération Bagnolet»

Le départ de Carlson pour Venise en 1980 ne marque nullement un arrêt. Plusieurs des membres de sa cellule de création poursuivent désormais leurs propres recherches, tels Quentin Rouiller, Anne-Marie Reynaud, Dominique Petit et Caroline Marcadé. À ces jeunes chorégraphes comme à d'autres qui ne vont pas tarder à se révéler, le concours Le Ballet pour Demain, à Bagnolet dès 1969, offre un tremplin. Ses palmarès révèlent les chefs de file de ce que l'on appellera la «génération Bagnolet». Dominique Bagouet, Jean-Claude Gallota, François Verret, Daniel Larrieu, Régine Chopinot, Maguy Marin, Philippe Decouflé, Joëlle Bouvier et Régis Obadia, notamment, sont distingués dans cette petite ville de la couronne parisienne.

Enhardis par cette forme de reconnaissance, la plupart des lauréats montent une compagnie permanente, sollicitent des subventions, voire décrochent une implantation en régions. Une politique de promotion de la danse s'esquisse à la fin des années soixante-dix déjà. Le Centre national de danse contemporaine à Angers est ouvert en 1978, sous la direction d'Alwin Nikolais. Deux ans plus tard, Dominique Bagouet s'installe à Montpellier. Mais c'est sous l'impulsion de Jack Lang, ministre de la Culture dès 1981, que cette politique – dont on ne connaît pas d'équivalent dans le monde – s'affermit, augmentation de budget à la clé. En une dizaine d'années, dix-sept centres chorégraphiques nationaux seront créés en province.

La nouvelle danse française fait l'effet d'un coup de poing à l'estomac (ci-dessous, *KOK* de Régine Chopinot (1988); costumes de Jean-Paul Gaultier).

L'Europe de la danse en pleine effervescence

En Belgique, un bouillonnement n'est pas moins perceptible auquel prennent part Anne Teresa de Keersmaeker, Wim Vandekeybus, Jan Fabre et Alain Platel. Mais comme en France, difficile de placer ces démarches individuelles sous une même bannière. Il est plus d'éléments pour les différencier que pour les réunir.

Révolu, le temps où New York – avec Balanchine, Robbins, Nikolais, Ailey, Taylor, Tharp... – était l'incontournable capitale de la danse. Sans que l'on sache trop à quoi attribuer ce retrait – essoufflement créatif? problèmes de financement liés à la conjoncture? –, il devient évident que l'Europe a pris le relais. Les chorégraphes s'y sont engagés sur une multitude de pistes. Les uns donnent la primauté au mouvement, le texte pouvant apporter un complément de sens; d'autres valorisent l'effet théâtral, en prise ou non avec l'actualité sociale, avec ou sans décor, habillés (Jean-Paul Gaultier, Christian Lacroix...) ou dans une nudité provocante (Jérôme Bel, Boris Charmatz, Javier de Frutos...). D'autres encore explorent de nouveaux territoires, qu'il s'agisse de surfaces horizontales – l'eau avec Daniel Larrieu – ou verticales – des falaises de granit pour Roc in Lichen.

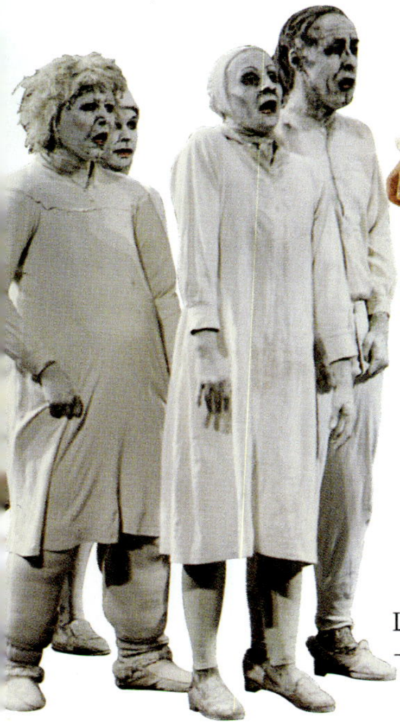

Issue de Mudra, l'école de Béjart, à Bruxelles, Maguy Marin se forge un langage fort, dru – dont *May B* (1981) est une des expressions les plus convaincantes (en bas). En référence au théâtre de l'absurde de Samuel Beckett, elle offre une poésie gestuelle d'une rare beauté. Dans la foulée, Maguy Marin fait souffler le froid et le chaud en alternant grands spectacles populaires – *Cendrillon, Coppélia* – et théâtre dansé aussi étonnant que détonnant – *Coups d'état, Eh, qu'est-ce que ça m'fait à moi, Cortex*...

« Il y a dans mes spectacles des scènes à multiples sens et dont moi-même je n'ai pas le secret. » Cette assertion de Jean-Claude Gallotta, directeur du groupe Émile Dubois (ci-contre, personnage issu de *Ulysse*, 1981), d'autres chorégraphes pourraient la reprendre à leur compte. Le créateur de *Hommage à Yves P., Les Aventures d'Ivan Vaffan, Mammame, Docteur Labus*... s'efface devant ce que lui offrent les choses de la vie. « C'est mon travail de musicaliser les faits et les hasards. »

Autant de chorégraphes, autant d'« auteurs », autant de démarches traversées souvent de thèmes récurrents, dont il est bien trop tôt pour dire lesquelles laisseront des traces et lesquelles seront à jamais oubliées. Ce qui est certain, c'est qu'un processus de métissage est en cours auquel la danse classique n'échappe pas non plus. Mais n'est-ce pas par de constantes assimilations et par un renouvellement continuel que son développement s'est opéré au cours des siècles?

Classique et contemporain : l'inévitable métissage

Que Dominique Bagouet (*Fantasia Semplice*, 1986) ou que Maguy Marin (*Leçons de ténèbres*, 1987) puissent répondre à l'invitation de l'Opéra de Paris, alors dirigé par Rudolf Noureev, n'est pas surprenant. Le temple du classique ouvre progressivement ses portes à la création contemporaine. À partir de 1981, le Groupe de recherche chorégraphique de Jacques Garnier accueille différents chorégraphes de pointe, à commencer par Lucinda Childs. Mais signe des temps, moins de dix ans plus tard, il est dissous. À toute la compagnie nationale d'interpréter désormais Alvin Ailey et Merce Cunningham, Jean-Claude Gallotta et Angelin Preljocaj, voire Pina Bausch (*Le Sacre du printemps*)!

De leur côté, de jeunes chorégraphes proposent leurs relectures des grands classiques du XIXe siècle.

« Un classique d'avant-garde » : William Forsythe, l'Américain de Francfort, ne récuse pas cette étiquette. Que ce soit pour le New York City Ballet ou pour le Royal Ballet britannique, ses créations contribuent à rénover la danse académique « de l'intérieur ». Pourtant, ce n'est pas tant le vocabulaire que la syntaxe qui l'intéresse, la forme que la structure (ou la déstructure). Fasciné par la vitesse, le stress, le rythme haché du clip, Forsythe ne se prive pas d'associer la parole au mouvement, mettant alors en scène des fresques forcenées à la beauté convulsive. Dardant sur son théâtre dansé des rais de lumière crue, abolissant les symétries, il remodèle l'espace (en haut, à gauche, *Limb's Theorem*; page de droite, en bas, *Ennemy in the Figure*).

En digne fils de Birgit Cullberg – la grande dame de la danse scandinave –, Mats Ek règle une *Giselle* (1982) d'une force bouleversante. L'Opéra de Paris l'affichera en alternance avec la version traditionnelle. Volonté de restaurer les chefs-d'œuvre en péril ou panne d'inspiration? Andy de Groat s'attaque coup sur coup au *Lac des cygnes*, à *La Bayadère*, à *Giselle* et à *Casse-noisette* (où il introduit les tambours du Bronx et des mouvements hip-hop)! À l'instar du Mur de Berlin, les frontières entre les genres tombent. La danse connaît elle aussi sa globalisation.

Sollicité dans le monde entier, le travail de William Forsythe – *Impressing the Czar* (1988), *Ennemy in the Figure* (1989)... – est symptomatique de l'actualité que conserve la technique classique lorsqu'elle est déstructurée par la vitesse, les déséquilibres, les distorsions et les cassures en tout genre, cela *via* l'improvisation collective et le recours au hasard, hérités des années soixante-dix. Éclats de voix des danseurs, déflagrations sonores signées Thom Willems, savants effets de lumière, jeux de lever ou de tomber de rideau : cette sublime agitation traduit le stress et la violence de notre époque. «Je vis à l'ère de la bombe atomique, de la pollution et du sida», confirme cet Américain de Francfort.

Preuve que les grands sujets peuvent résister à l'usure du temps, le remake de *Giselle* proposé par le chorégraphe suédois Mats Ek parle aux spectateurs de notre époque. La jolie paysanne de Coralli et Perrot est transformée en une espèce de Gavroche, béret vissé sur la tête (au centre, Anna Laguna), que ses amours malheureuses conduisent à l'hôpital psychiatrique. L'acte blanc est celui des infirmières... Dans la foulée, Mats Ek enchaîne un *Lac des cygnes* et une *Belle au bois dormant* new look!

Les années quatre-vingt sont celles de la «nouvelle danse française». Une multitude de Centres chorégraphiques nationaux sont créés en province. Jean-Claude Gallotta dirige celui de Grenoble, Régine Chopinot celui de La Rochelle, Karine Saporta (page de gauche, *Carmen*) celui de Caen… L'ouverture à Lyon de la Maison de la danse (1980), suivie de la création de la Biennale internationale (1984), le tremplin offert à Paris par le Théâtre de la Ville, la multiplication des festivals… autant d'éléments favorables aux coproductions, nécessaires à l'essor de ces compagnies.

Durant cette même décennie, la Flandre belge soutient le travail d'une génération de chorégraphes qui assureront son rayonnement international: Anne Teresa de Keersmaeker, Alain Platel, Wim Vandekeybus et Jan Fabre. Ces visionnaires si différents se retrouvent dans leur intérêt pour l'interdisciplinarité : chez eux, la danse est associée au texte parlé, au chant, au cinéma, à la vidéo… Non sans provocation, Jan Fabre (ci-contre, *Parrots and Guinea Pigs*), plasticien de formation, propose des «performances» étourdissantes.

Mieux que des étoiles : des stars

Longtemps réservée aux happy few, hommes et femmes de culture ou... du monde, la danse a conquis de nouveaux spectateurs, durant la seconde moitié du XXe siècle. Grâce au travail de chorégraphes tels que Béjart, Petit, Ailey ou Bausch; grâce aussi au charisme de fulgurants interprètes : Carla Fracci, Maïa Plissetskaya, Sylvie Guillem, Marie-Claude Pietragalla, Rudolf Noureev, Mikhaïl Baryshnikov, Vladimir Vassiliev, Jorge Donn, Patrick Dupond... Pour ne citer que ces étoiles devenues stars à mesure qu'elles descendaient de l'Olympe du ballet pour aller au-devant du public. Guillem prête son image à une marque de montres; Pietragalla lance une ligne de vêtements pour la danse et le sport; Dupond tourne au côté d'Alain Delon. Quant à Baryshnikov, il cautionne un parfum et flirte avec la comédie musicale (émission TV «Baryshnikov on Broadway» avec Liza Minnelli).

Nombre de danseurs figurent à l'affiche de grands shows : Zizi Jeanmaire mène les revues du Casino de Paris et Noureev reprend le rôle de Yul Brynner dans *Le Roi et moi.* On ne saurait d'ailleurs sous-

estimer l'impact d'une comédie musicale comme *West Side Story* sur l'image de la danse auprès du grand public. Le naturel, la spontanéité des interprètes du film de Robert Wise ont donné un coup de jeune à Shakespeare. Car *West Side Story*, c'est Roméo et Juliette dans le Bronx !

Vous dansiez? Eh bien chantez maintenant!

Le «triangle d'or» dessiné par la 42e rue, la 8e avenue et Broadway fut le berceau des grands classiques musicaux américains, de *Showboat* à *Chorus Line*. Toutefois, depuis un quart de siècle, Broadway n'est plus tout à fait Broadway. Londres a pris le relais de la création avec des succès mondiaux comme *Cats* et *The Fantom of the Opera* (de Lloyd Weber), *Les Misérables* et *Miss Saïgon* (de Claude-Michel Schönberg et Alain Boublil). Traditionnellement réfractaire à ce qui était tenu pour un genre typiquement anglo-saxon, Paris est entré à son tour dans la danse… avec des

Souvent considérée comme élitiste, la danse cherche à élargir son audience. Avec le hip-hop, elle pénètre les banlieues.
Mais, sans surprise, cette danse de rue se théâtralise, générant des compagnies professionnelles comme Käfig (page de gauche, *Dix versions*).
La comédie musicale, genre commercial par excellence, exerce la même fonction médiatrice (ci-dessus, *Notre-Dame de Paris*, chorégraphie de Martino Müller, connu jusqu'ici pour sa collaboration avec le Nederlands Dans Theater).

succès retentissants tels que *Notre-Dame de Paris* (Luc Plamondon et Richard Cocciante, 1998) ou *Roméo et Juliette* (Gérard Presgurvic, 2000). En panne d'inspiration et donc de renouvellement, en mal de public, l'opéra cède le pas à la comédie musicale.

Le troisième millénaire, d'un pied ferme

En dépit des disparitions qui l'endeuillent et des problèmes financiers que ne manque pas de susciter la mauvaise conjoncture économique, «the show must go on». Tel est précisément le titre d'un spectacle où Jérôme Bel pose non sans dérision de multiples

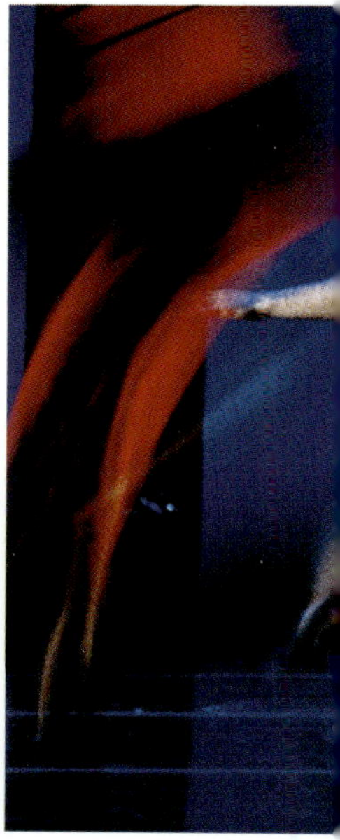

Formée en Allemagne par une disciple de Wigman, puis à Amsterdam et à New York, Sasha Waltz est membre de la direction artistique de la prestigieuse Schaubühne de Berlin. Dans *Körper* (ci-contre), elle pose un regard perçant sur le corps qu'elle présente dans tous ses états : manipulé, cloné, trafiqué, violenté... Rejetant l'esthétique du corps triomphant, la danse d'aujourd'hui en dit volontiers les faiblesses et les misères.

La «peste du XXe siècle» frappe sévèrement le monde des arts. Parmi les innombrables victimes, le peintre Keith Haring, dont la collaboration avec Bill T. Jones et Arnie Zane a débouché sur *Secret Pastures* (dessin ci-dessous). En souvenir de lui et d'Arnie Zane disparu à son tour, solidaire de tous les malades, Bill T. Jones monte un poignant spectacle audiovisuel. *Still/Here* (ci-contre), aboutissement de deux années d'«ateliers» dans une quinzaine d'hôpitaux américains, se veut malgré tout porteur de l'espoir qui anime les «survivants» dans leur ultime lutte.

questions sur l'art qu'il pratique. Une «danse conceptuelle» investit la scène, qui sacrifie au non-mouvement, renouant ainsi avec les refus de la Judson Church new-yorkaise, et qui adhère aux performances et aux installations des plasticiens. Car les frontières qui tombent ne sont pas seulement celles du «classique» et du «contemporain», mais aussi celles des arts entre eux. Dominique Bagouet dialogue avec le plasticien Christian Boltanski pour *Le Saut de l'ange* (1987), William Forsythe se réfère à l'architecture de Daniel Libeskind et au structuralisme de Roland Barthes, Jan Fabre expose des installations à la Biennale de Venise. On n'échappe pas à la dialectique. Balançant entre virtuosité – on n'a jamais si bien dansé qu'aujourd'hui – et rejet de la technique, entre narration et abstraction – une chorégraphe aussi «abstraite» que Lucinda Childs vient de signer un *Daphnis et Chloé* fidèle au poème de Longus –, entre le corps et la technologie, la danse s'est engagée d'un pied ferme dans le troisième millénaire.

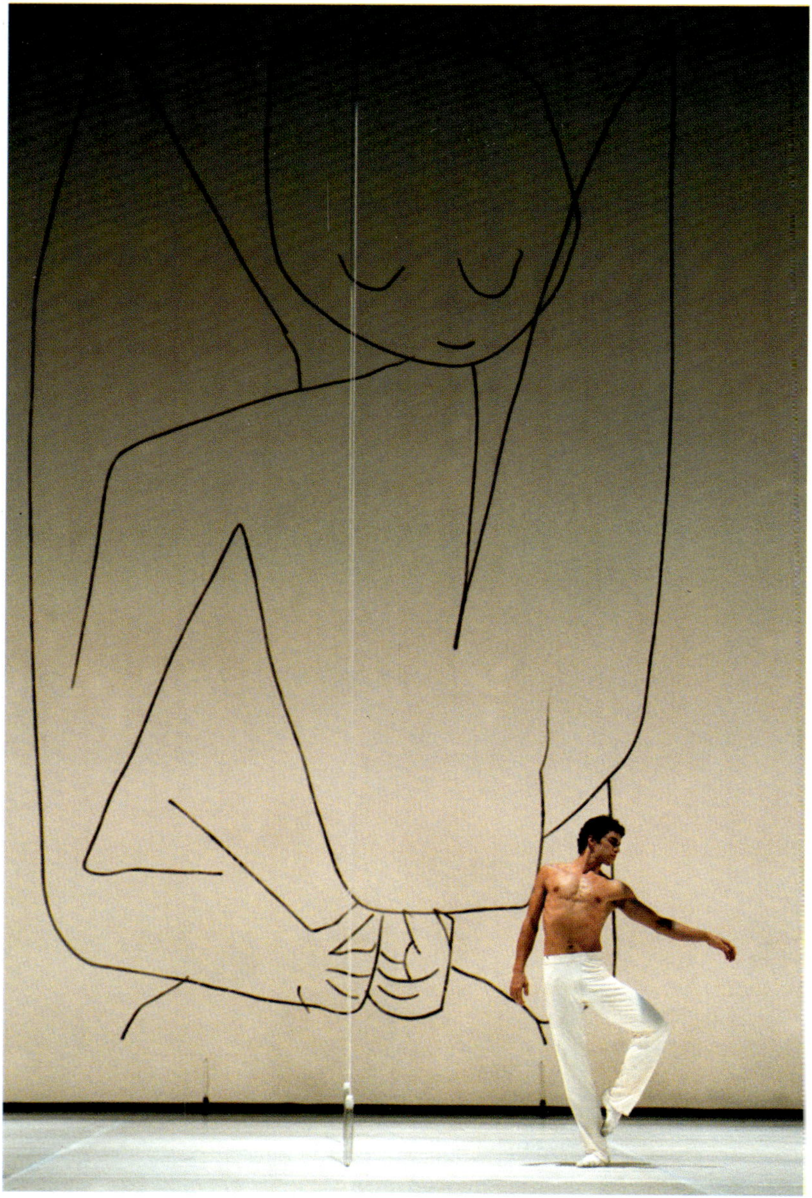

TÉMOIGNAGES ET DOCUMENTS

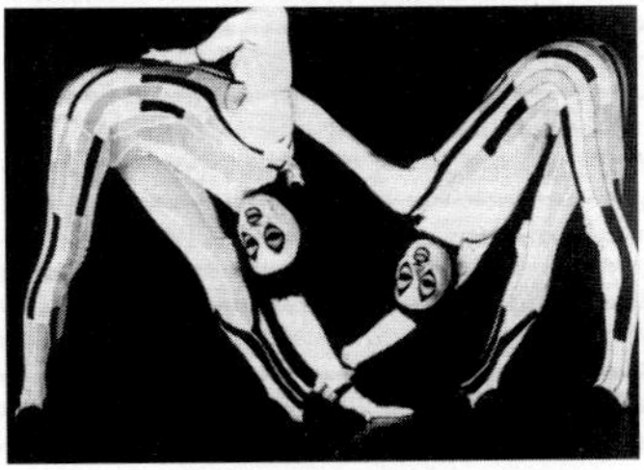

Éducation du public

Comme la musique ou la poésie, la danse exige du spectateur un minimum de préparation pour être saisie dans ses multiples dimensions. Ce qui vaut pour la danse dite classique – celle qui s'inscrit dans la tradition italo-franco-russe – vaut à plus forte raison pour la danse dite contemporaine. Laquelle, en introduisant de nouveaux points de vue et en exigeant un renouvellement du regard, peut désorienter les publics les moins avisés.

L'expérience du spectacle

George Balanchine, le maître du néo-classicisme, donne ici quelques clés pour apprécier un spectacle de ballet à sa juste valeur.

Il est bien évident que celui qui ne va jamais voir de ballet ne saura jamais rien de ce qui concerne cet art. Entrer dans une salle n'est pourtant pas suffisant, il faut aussi avoir une idée de la musique qui va y être jouée. Car le ballet ne se compose pas uniquement de danse, il est une combinaison de danse et de musique. Le rapport de la musique et de la danse n'est pas littéral. Il ne s'agit nullement, pour la danse, de suivre la musique note par note, mesure par mesure, sans souci du livret. Au contraire, la danse est un complément de la musique, une interprétation donnée par le chorégraphe de ce qu'il entend et de ce qu'il ressent.

Nous éprouvons tous une certaine émotion en écoutant de la musique. C'est aussi, bien sûr, le cas du chorégraphe. Il traduit ses émotions par la façon dont il dispose ses danseurs sur la scène, par les mouvements qu'il leur fait accomplir, en leur attribuant une signification particulière. Ainsi, par exemple, la danse peut-elle être triste sans illustrer obligatoirement une histoire triste. Bien souvent, c'est la musique elle-même qui sert d'histoire. Si le chorégraphe a bien choisi sa musique, nous apprécierons le complément que la danse apporte : elle sera comme une seconde scène sur laquelle les danseurs auront l'air d'évoluer.

Il est inutile de plaquer là-dessus des idées littéraires. Mais, fréquemment, une trop grande sensibilité à la musique peut constituer un handicap pour le balletomane sans expérience. Les gens qui aiment la musique sont souvent très entêtés. Pour eux, certaines partitions sont sacrées et ils ne veulent même pas envisager l'idée qu'ils pourraient enrichir leur culture musicale. Leurs oreilles ne sont ouvertes qu'à certains compositeurs et ils considèrent que la danse viole les morceaux qu'ils aiment. Il est très difficile de les convaincre d'ouvrir à la fois les yeux et les oreilles. Je connais, par exemple, une jeune femme intelligente qui ne peut assister à une représentation de *La Belle au Bois*

Balanchine en répétition en 1955.

dormant parce qu'elle déteste Tchaïkovsky. Je connais aussi un jeune homme qui prétend aimer tellement Bach qu'il se refuse à voir le *Concerto Barocco*. Ces deux-là, à mon avis, gâchent leur chance d'éprouver, par le truchement du ballet, des émotions qu'ils ignorent et qui pourraient les faire changer d'avis.

L'amour de la musique, chez certains d'entre nous, est si intense que nous ressentons comme une blessure la moindre atteinte à son empire. Pourtant, dans de nombreux cas, le ballet peut nous enseigner une façon nouvelle d'aimer la musique. À la structure d'une symphonie, à l'orchestration d'un morceau, nous n'attachons pas nécessairement un intérêt immédiat. Mais, à force d'assister à des spectacles de danse, nous pouvons à la longue y trouver de l'attrait. La danse est toujours tournée vers la musique, elle la met en valeur, elle lui donne une importance visuelle. Dès la minute où l'œil prend du plaisir, l'oreille commence à écouter plus attentivement.

Lire ce qui est écrit sur le ballet peut bien souvent rendre service au spectateur. Les innombrables livrets de ballets ne sont pas toujours compréhensibles au premier coup d'œil et il n'est pas inutile de les avoir lus pour savoir ce qui va se passer. Après avoir acquis une certaine expérience de la danse, on commence à s'intéresser aux ouvrages historiques et critiques qui lui sont consacrés. Deux ou trois des livres de critique publiés sur la danse – *Les Lettres* de Noverre et les critiques de Théophile Gautier notamment – figurent parmi les ouvrages les plus remarquables de l'histoire de l'art.

Mais aucune lecture, aussi importante soit-elle, ne remplacera jamais un spectacle. Il n'existe pas de raccourci dans le domaine de l'expérience.

George Balanchine,
Histoire de mes ballets, Fayard, 1969

«Le public me huait»

Aussi déroutantes que puissent paraître ses créations de la fin des années soixante, Trisha Brown n'oublie pas les spectateurs.

Je tiens absolument à ce que mon public comprenne mon travail bien que j'aie déjà fait pas mal de danses difficiles pour le grand public. Dans les années soixante, mes auditoires étaient restreints, mais nous étions en harmonie, nous nous connaissions d'une certaine façon. Nous avons grandi ensemble. Aujourd'hui, mon public est plus vaste, informé par la littérature, et conscient que danse ne signifie pas toujours amusement.

Il y eut improvisation en 1969, quand j'ai demandé au public de crier «Yellowbelly», qui signifie «lâche», à Aberdeen, dans l'État de Washington; et j'ai donné deux fois mon spectacle.

La première fois, le public a crié ça tellement doucement que j'ai arrêté et j'ai demandé qu'on crie ce mot de façon très désagréable, ce qui fut fait. J'improvisais et j'étais gelée, et je n'ai pas la moindre idée de ce que j'ai fait, bien que j'aie eu en réserve quelques possibilités latentes. Quand je me suis arrêtée, le public me huait véritablement; j'ai donc recommencé et nous nous sommes arrêtés en même temps. C'était terrifiant, parce que j'étais confrontée à la peur qu'a l'acteur de se présenter devant un public en oubliant ce qu'il fait. Il fallait donc préciser cette situation, ce qui mit à l'épreuve le public et moi-même.

La deuxième fois, j'ai donné ce spectacle à Rome, et il fallait crier ce mot en italien. Le public était plus sophistiqué et refusait tout simplement de crier. Quand ils refusèrent, je refusai de bouger. Puis, chaque fois que quelqu'un criait, je bougeais, et je m'arrêtais en même temps qu'eux. Ce fut une relation exceptionnelle, jusqu'à ce que le public devint furieux et se mit à crier. Puis j'exécutai mon improvisation, car cette fois-là, rien n'était préparé du tout. Je me suis mise à tournoyer et continuai jusqu'au vertige, puis je m'arrêtai et essayai de faire une belle danse articulée, mais sans aucun succès. Cette relation avec le public avait vraiment été violente et symbiotique.

L'Atelier des chorégraphes : Trisha Brown,
Éditions Bougé, 1987

De la condition humaine

Le travail de Pina Bausch implique les spectateurs, ce qui explique les réactions de rejet auxquelles elle se heurte à ses débuts à Wuppertal.

Ce n'est pas un hasard si Pina Bausch et ses *Stücke* ont provoqué des réactions si extrêmes et si antithétiques qu'elles ne pouvaient laisser place à des attitudes plus mitigées, et s'ils réclament, en bien ou en mal, une prise de position univoque. Pratiquement tous ses *Stücke* traitent de questions fondamentales sur la condition humaine et obligent le public à se confronter à ces interrogations : l'amour et l'angoisse, la nostalgie et la tristesse, la solitude, la frustration et la terreur, l'enfance et la vieillesse, la mort, l'exploitation de l'homme par d'autres hommes (et surtout de la femme par l'homme dans un monde organisé selon des conceptions masculines), la mémoire et l'oubli, enfin, de plus en plus, la question de la destruction du milieu naturel par l'homme. N'est pas ignorée non plus la difficulté de la cohabitation humaine et la recherche de moyens qui permettent de réduire la distance entre deux (ou plusieurs) êtres humains. Désespérée mais courageuse, Pina Bausch s'évertue à développer une communication que le vocabulaire et les langages d'usage sont impuissants à réaliser pour le moment. Le spectateur est fortement «impliqué» dans ses spectacles, en raison de leur contenu et aussi d'une manifeste intransigeance dans la manière de poser les questions existentielles, sociales ou esthétiques. Les conflits ne sont ni escamotés ni minimisés, bien au contraire, on s'y heurte de plein fouet parfois avec une violence telle qu'elle conduira à penser, aux États-Unis par exemple, que Pina Bausch est maladivement fascinée par l'agressivité et la brutalité. Mais elle ne cherche pas la facilité, ni les concessions. Elle nous renvoie à notre propre insuffisance, et en provoquant chez nous une crispation constante, elle ne cesse de nous inciter à l'inertie et la banalité intellectuelle, à jeter le poids mort du manque d'amour, et à rechercher le respect mutuel, la confiance, l'estime, la collaboration.

Jochen Schmidt,
«De la modern dance au Tanztheater»,
in *Pina Bausch – Parlez-moi d'amour – Un colloque,*
L'Arche, 1995

S'adresser à l'esprit...

Au ballet classique qui, au fil des temps passés, n'a jamais entrepris que de séduire, d'étonner, voire d'émerveiller, la danse du XXe siècle oppose d'autres préoccupations. Il importe désormais de s'adresser autant à l'esprit qu'à l'œil et à l'émotion. Le propos est donc différent, comme le sont la technique, le rapport à la musique ou la conception de l'espace.

Sur les ruines du naturalisme

Isadora Duncan a tôt abandonné les chaussons du ballet pour danser nu-pieds les élans de son âme. Mieux qu'une danseuse, le philosophe de l'art Élie Faure voit en elle une animatrice apte à déclencher un mouvement immense.

Je n'ai jamais éprouvé d'émotion plus vive que le jour où, pour la première fois, j'ai vu danser Isadora. Émotion qui s'est accrue, peut-être, la seconde fois, et renouvelée la troisième. Mais qui, depuis, a décru à chaque rencontre. Car je suis obligé de dire, ayant jadis écrit sur elle un morceau dithyrambique, que je ne pense plus aujourd'hui ce que je pensais d'elle aux premiers mois de la révélation.

J'en suis – assez vite – arrivé à trouver cet art didactique, tout de culture, ne dénonçant qu'une vie intérieure artificiellement aménagée. Il exposait des idées, voire des principes, plutôt qu'il n'exprimait des sentiments ou des passions. Il traduisait plus de savoir que de génie, plus de volonté que d'ivresse et bien moins d'harmonies vivantes que d'«équivalences plastiques». Isadora démontrait en dansant. Elle représentait tour à tour, d'une manière absolument parfaite, la bacchante et la suppliante, la justicière et la guerrière, la vierge et la séductrice et tout ce qu'on peut être de plus définitif et de plus défini. La moindre danseuse d'Espagne, maigre, nerveuse, noire comme une olive sèche, a plus de flamme spirituelle dans son petit doigt convulsé que n'en eût jamais

ce grand corps aussi sculptural que corps féminin le puisse être. La danseuse d'Amérique avait étudié la danse au flanc des vases, mais celle de Ronda la porte dans ses propres flancs. L'une a le sens indéfini de la volupté, de la mort, de la vanité universelle. L'autre eut le sens exact de l'art.

J'en étais arrivé à penser cela de cette grande artiste. Mais, devant le destin atroce qui voulut en faire une femme malheureuse, j'ai révisé mon jugement. [...] Je n'avais voulu voir, dans la danseuse, qu'une virtuose. J'ai découvert une animatrice dans la femme.

Elle a créé un mouvement immense. Elle a fait germer, comme une semeuse, dans le sillage des illusions qu'elle jetait, d'innombrables âmes de poètes, de danseurs, de sculpteurs, de peintres et, dans la foule anonyme, tant d'émotions qui ne se manifestent pas, mais se font écho de proche en proche pour créer un état de sensibilité collective où le grain pousse sans effort. Elle a réhabilité la danse oubliée ou méconnue, l'humble et glorieuse danse, gardienne, avec la chanson et la poterie populaire, du génie concret des races sans cesse calomnié et déformé par l'artiste professionnel. C'est elle qui a précédé, en Occident, la triomphale entrée des danseurs russes. C'est elle qui nous a ouvert l'accès des passages secrets qui réunissent par tant d'ondulations entrelacées la musique et la plastique. C'est elle qui a préparé l'intronisation du seul rythme comme facteur permanent du mystère esthétique sur les ruines du naturalisme, de l'académisme, du romantisme, du classicisme et généralement de toutes les écoles qui s'attachent avant tout à la représentation de l'objet.

Élie Faure,
L'Homme et la Danse,
Pierre Fanlac, Périgueux, 1934

«Le Manifeste du chorégraphe»

*Une nouvelle «bataille d'Hernani» entoure la création d'*Icare *en 1935; un ballet dans lequel Serge Lifar met en pratique les principes énoncés quelques mois plus tôt dans* Le Manifeste du chorégraphe.

Deux espèces de ballets peuvent exister : le ballet sans musique et le ballet musical. Lequel des deux faut-il préférer? Le chorégraphe, que je suis, répond sans hésiter : le ballet musical. Ce serait peu de dire que nous aimons notre sœur magnifique – la musique : souvent elle nous est indispensable. Nous trouvons en elle les accents nécessaires à notre mouvement psychophysique et à notre élévation. Nous puisons en elle, dans sa source sacrée de l'Émotion, les forces et l'inspiration que demande notre grand élan – «Excelsior !»

Je n'ai pas le droit de m'engager dans le domaine musical, tout proche et cher qu'il me fût. J'ose toutefois me permettre une timide remarque concernant la musique de ballet : il lui faut un orchestre particulier, différent de l'orchestre symphonique ordinaire. Je laisse cette idée en suspens, car il me semble que c'est au musicien, bien plus qu'au chorégraphe de la développer.

Encore une petite remarque indispensable. Le chorégraphe ne doit pas s'immiscer dans le domaine d'un autre art indépendant – la peinture. De son côté le peintre doit tenir compte des exigences du ballet lorsqu'il crée ses maquettes, il doit s'inspirer de la chorégraphie et donner au danseur le costume qui convient le mieux au dessin chorégraphique de son rôle, car il doit souligner ce dessin et non le déformer, comme il le fait souvent.
Pour que le grand moment de la Synthèse,

de l'Union parfaite réalisée jadis, puisse venir, il faut que chacun des arts se développe librement, de son côté. Il faut que le ballet – je n'ai le droit de rien dire, quant aux autres arts – s'engage sur une voie nouvelle qui soit à lui. Il doit veiller jalousement sur le sanctuaire de la danse et savoir que :

1 - nous ne pouvons pas et nous ne devons pas tout danser,
2 - le ballet doit rester étroitement lié à sa base naturelle – la danse,
3 - le ballet ne doit être l'illustration d'aucun autre art,
4 - le ballet ne doit pas emprunter son dessin rythmique à la musique,
5 - le ballet peut exister libre de tout accompagnement musical,
6 - le ballet peut et doit être transcrit,
7 - dans les cas où le ballet est lié à la musique, la base rythmique doit être l'œuvre du chorégraphe et non celle du musicien,
8 - le ballet exige un orchestre spécial,
9 - le chorégraphe ne doit pas être l'esclave du peintre,
10 - un théâtre chorégraphique, libre et indépendant, doit être créé.

Tels sont les principes fondamentaux du manifeste d'un chorégraphe.

Serge Lifar,
Le Manifeste du chorégraphe,
Hachette, 1935

Un torse expressif

Les analyses des gestes et expressions auxquelles a procédé le musicien François Delsarte (1811-1871) influencent fortement les pionniers de la danse moderne.

C'est seulement ici en Amérique, et après sa mort, que les lois de Delsarte furent assimilées et utilisées par les danseurs pour révolutionner l'art de la danse [...].

Une des différences, absolument vitale, réside dans la reconnaissance du *torse* comme source et moyen essentiel d'une véritable expression émotionnelle. Et tout aussi importante, l'utilisation des successions, partant du torse, et se répandant à l'extérieur et à l'intérieur du corps tout entier. Il est évident, alors que le torse ne peut plus demeurer raide comme dans la rigide tradition du ballet, mais doit devenir la partie du corps la plus sensible et la plus expressive. Il est également évident que, pour disposer d'un corps qui obéisse immédiatement aux enchaînements de mouvements qui naissent du torse, des exercices préliminaires sont nécessaires. Et l'on trouvera dans toutes les classes de danse moderne que l'accent est mis sur toutes sortes d'exercices d'étirement et d'assouplissement, sur des exercices au sol, des roulades, des chutes, des enchaînements de toutes les parties du corps, des torsions, etc., en sorte que chaque vertèbre puisse être consciemment déroulée, et qu'il ne reste, nulle part dans la colonne vertébrale, aucune rigidité qui puisse faire obstacle au déroulé du mouvement. Trop souvent, hélas, les exercices prévus, nécessaires à la préparation expressive du corps, ont été transférés tels quels sur la scène, comme s'ils avaient en eux-mêmes une valeur artistique. Cela fait, même si le vocabulaire avait changé, le résultat final n'a pas plus de valeur artistique que n'en avait la grammaire du ballet au XIXe siècle, et n'a pas dépassé le niveau d'une démonstration acrobatique.

La grande révolution, et c'est tout cela qui donne à la danse moderne (américaine) sa valeur prééminente sur le ballet du XIXe siècle, est contenue dans le refrain populaire de Madame Sherry : *Every little movement has a meaning all its own* (le moindre mouvement a sa propre signification en soi). Le contenu devint de première importance. De nouvelles techniques et des vocabulaires nouveaux furent créés, pour transmettre des significations plus profondes, plus larges, plus puissantes que n'avaient su le faire les techniques et le vocabulaire du ballet au XIXe siècle.

C'est en sachant maîtriser et utiliser consciemment les trois grands ordres de mouvements (opposition, parallélisme, succession), c'est en connaissant les zones du corps, la doctrine des organes spéciaux, les domaines de l'espace, les subdivisions des parties du corps et les neuf lois du mouvement, que l'art de la danse américaine a atteint son niveau actuel. Et si ces lois bénéficient d'une connaissance et d'une utilisation plus conscientes, cet art peut s'élever à des hauteurs insoupçonnées. […]

Delsarte a découvert et formulé cette loi du rythme de la vie, que, dans tout mouvement corporel, existe une alternance équilibrée et rythmique, une phase de détente précédant nécessairement une phase de tension, et toute tension étant suivie par une détente.

Ted Shawn,
«Every Little Movement»,
in Alain Porte,
François Delsarte, une anthologie,
IPMC-La Villette, 1992

Martha Graham, sexuelle

Pour la grande «prêtresse de la modern dance», le mouvement vient du plus profond de l'être.

Je sais que mes danses et ma technique sont considérées comme profondément

Serge Lifar dansant *Icare* en 1936.

sexuelles, mais je suis fière de représenter sur scène ce que la plupart des gens dissimulent au plus profond de leurs pensées. Emily Dickinson l'a dit, à sa façon, nous connaissons tous de ces instants où «de timides humiliations gambadent par des après-midi ensoleillés». L'artiste n'est que le reflet de son temps. Il n'est pas en avance sur son temps; c'est au public, dans l'ensemble, à le rattraper.

Ça me laisse rêveuse qu'à New York on appelle mon école «the House of the Pelvic Truth» [le temple de la vérité pelvienne], au motif que tant de mouvements sont issus d'un élan pelvien, ou parce qu'il m'arrive de dire à une élève : «Tu ne bouges pas ton vagin.» Au point qu'un des membres de la compagnie m'a raconté que pendant que je leur faisais répéter un de mes ballets, *Diversion of Angels*, pour leur examen à la Juilliard School, il en avait retiré l'impression que la Martha Graham Dance Company était la seule compagnie de danse en Amérique où les hommes souffraient d'une envie de vagin.

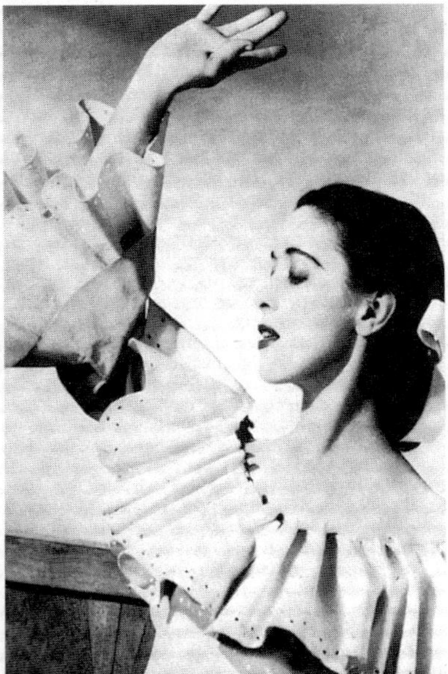

Martha Graham,
Mémoire de la danse,
Traduit de l'américain
par Christine Le Bœuf,
Actes Sud, Arles, 1992

Ouvrir l'espace

Merce Cunningham propose une autre conception de l'espace. Avec lui, c'en est notamment fini de la «perspective de scène».

Imaginez que vous alliez à l'autre extrême des formes traditionnelles et que dans un groupe de huit danseurs, par exemple, chacun se comporte simultanément comme un soliste. Vous voyez qu'immédiatement vous avez créé une situation déjà plus complexe. Reprenez maintenant la division du corps de ballet classique : de part et d'autre de la scène huit danseuses en mouvements symétriques, de telle sorte que votre regard passe aisément d'un rapport à l'autre. Mais faites la chose suivante, toute simple, qui va déjà rendre la situation plus subtile : ces deux séries de huit danseuses peuvent avoir à exécuter des mouvements différents. Ce n'est pas bien compliqué mais c'est déjà plus inattendu. Allons plus loin : prenons toujours huit et huit, mais que quatre danseurs aient une séquence, quatre une autre, et ainsi de suite. Vous mesurez immédiatement jusqu'où vous pouvez aller : vous pouvez aller jusqu'à donner à chacun des seize danseurs des phrases tout à fait distinctes. Bien sûr, la complexité s'est accrue, mais, surtout, vous avez ouvert un champ de possibilités, qui reste à explorer…

Par ailleurs, dans le ballet classique tel qu'on me l'a enseigné, et même en danse moderne lorsque j'y ai travaillé, l'espace était toujours conçu en termes de «perspective de scène», c'est-à-dire orienté frontalement, face aux spectateurs. Que se passe-t-il si, comme c'est le cas dans ce que je fais, vous décidez que tout endroit de la scène est également intéressant. Jusqu'alors, le centre d'un espace donné en était le point le plus important, le centre d'intérêt. Mais j'ai pu constater qu'en peinture, par exemple, ce n'était plus le cas. L'espace était conçu différemment de l'espace de danse traditionnel. J'ai donc choisi d'ouvrir l'espace, de le considérer en tout point égal, chaque endroit, occupé ou non par quelqu'un, devenant aussi important que n'importe quel autre. Dans un tel contexte, il n'y a plus à prendre appui sur tel ou tel point précis. C'est à ce moment que j'ai lu cette phrase d'Einstein : «Il n'y a pas de point fixe dans l'espace.» Je me suis dit : s'il n'y a aucun point fixe, alors tout point est de fait également fluide et intéressant.

À partir de là, l'ampleur et la complexité du champ ouvert au travail n'ont fait que se confirmer. Puisque l'on ne préfère plus tel point à tel autre, le mouvement peut être constant et des transformations en très grand nombre peuvent s'imaginer. Les danseurs peuvent toujours danser ensemble, mais ils peuvent aussi faire simultanément des mouvements tout à fait distincts, se diviser en groupes de deux, trois, cinq, jusqu'à huit ou au-delà – au lieu d'en rester aux nombres carrés et limités utilisés jusqu'alors – pour éventuellement revenir ensuite à un ensemble. Naturellement, beaucoup de spectateurs et de danseurs n'arrivent pas encore à penser ainsi, ils ont grandi avec cette idée d'un espace stable auquel se réfèrent en même temps spectateur, soliste ou corps de ballet. Mais si vous abandonnez tout cela, vous découvrez une autre vision.

Merce Cunningham,
Le Danseur et la Danse,
Entretiens avec Jacqueline Lesschaeve,
Belfond, 1980

Danse et danseurs

En renouvelant la danse, le XXe siècle a redéfini le danseur. Non sans incidence sur les relations qu'entretiennent chorégraphes et interprètes. Même si les interprètes prennent une part de plus en plus active au processus de création, ce sont les chorégraphes qui dominent ces dernières décennies L'époque où les danseurs tenaient le haut de l'affiche est bel et bien révolue. Voici venu le temps des auteurs.

L'abstraction, marque de notre temps

Pour Oskar Schlemmer, la vie trépidante de l'homme du XXe siècle ne peut rester sans incidence sur l'expression chorégraphique.

L'histoire du théâtre est l'histoire de la transformation de la forme humaine : c'est l'histoire de l'*homme* en tant que représentant [*Darsteller*] d'événements corporels et spirituels, alternant la naïveté et la réflexion, le naturel et l'artifice.

Les moyens requis pour cet acte de transfiguration sont la *forme* et la *couleur*, moyens du peintre et du sculpteur. Le lieu de cet acte de transfiguration est la structure formelle, constructive, de l'*espace* et de l'architecture, œuvre de l'architecte. C'est par là que se définit, dans le domaine de la scène, le rôle de l'artiste plasticien, de celui qui fait la synthèse de ces éléments.

Une des marques de notre temps est l'*abstraction* qui, d'une part, travaille à disjoindre les composants d'un ensemble existant pour les mener chacun à l'absurde ou les porter à leur plus haut degré de puissance; qui, d'autre part, produit tout son effet dans la généralisation et l'assemblage pour élaborer, dans une vaste ébauche, un nouvel ensemble.

Marque de notre temps ensuite, la *mécanisation*, processus inexorable qui s'empare de tous les domaines de la vie et de l'art. Tout ce qui peut être mécanisé est mécanisé. Résultat : la prise de conscience de ce qui n'est pas mécanisable.

Marque de notre temps encore, et non des moindres : les possibilités nouvelles apportées par la technique et l'invention qui donnent souvent naissance à des hypothèses entièrement nouvelles et peuvent ainsi engendrer – ou laisser espérer – les plus audacieuses productions de l'imagination.

La scène, qui devrait être image de son temps et qui est surtout l'art le plus déterminé par son temps, n'a pas le droit d'ignorer ces marques.

La scène, prise dans son sens général, est pour ainsi dire le domaine total, situé entre le culte religieux et le divertissement populaire naïf qui, ni l'un ni l'autre, ne sont ce qu'est la scène : *représentation* abstraite à partir du naturel pour produire un effet sur l'homme.

Oskar Schlemmer, *Théâtre et abstraction*,
Traduction d'Éric Michaud,
L'Âge d'homme, Lausanne, 1978

Reconstitution récente du *Ballet triadique* d'Oskar Schlemmer (1922).

Dans la salle comme sur la scène

Avec Relâche, *les Ballets suédois violent la frontière qui sépare depuis longtemps artistes et spectateurs.*

Les premières des Ballets suédois au Théâtre des Champs-Élysées étaient des événements de la vie parisienne. Le théâtre s'emplissait d'un public qui allait du grand monde à l'avant-garde intellectuelle et artistique. Les intentions de Rolf de Maré étaient sérieuses, son propos n'était jamais d'offenser. Mais le hasard voulut qu'à la première de Relâche, Börlin s'effondra littéralement de surmenage juste avant le lever du rideau. Rien d'étonnant à cela puisque au cours de cette soirée il avait un rôle principal dans tous les ballets. Il ne restait donc plus qu'à informer le public de ce que le théâtre faisait… relâche! Le Destin se mêlait ainsi à cette première éminemment surréaliste où un public furieux brisa à coups de pierres les portes vitrées du théâtre, mais revint quelque temps après lorsque Börlin avait repris ses sens et que *Relâche* put se jouer normalement.

Le public français soutint les Ballets suédois, et la critique aussi leur était généralement favorable, bien qu'il ne fût pas toujours facile à tous de suivre leurs continuelles innovations. [...] Mais quelle réaction Levinson et ses collègues allaient-ils avoir devant un phénomène comme *Relâche*, où la frontière inviolée depuis l'époque des ballets de Cour entre la scène et le salon est joyeusement réduite à néant? Les danseurs y occupent les fauteuils d'orchestre, le spectacle étant aussi bien dans la salle que sur la scène où l'on voyait tour à tour des messieurs en habit se déshabiller, une vieille voiture conduite par Picabia et de Maré arriver en toussotant, le tout couronné par un film de René Clair, *Entr'acte*, qui rendait les spectateurs ivres d'hallucinations et auquel il ne manquait que la couleur pour être psychédélique, C'était un «happening» qui ne fut jamais deux fois le même.

Le dénominateur commun de cette agitation destinée à bouleverser toutes les conceptions du mouvement restait malgré tout… la danse. Mais la danse selon une nouvelle esthétique : comme le disait quelque amateur éclairé, Börlin était l'«académicien du laid». Il pouvait faire un ravissant *Chopiniana* en tutus, mais seulement pour montrer qu'il en était capable. Au fond, c'est tout autre chose qu'il voulait. Il conférait à la danse de nouvelles dimensions, une plasticité, une liberté dans l'expression qui étaient synonymes de danse libre. Il commença là où l'insuffisance technique avait obligé Duncan à s'arrêter, où la vénération pour le métier académique avait vaincu Fokine. Dans la danse, Börlin se libérait totalement, il possédait un savoir complet tout en osant ne pas en tenir compte.

Bengt Häger,
in catalogue de l'exposition
Ballets suédois 1920-1925,
musée d'Art moderne
de la Ville de Paris,
3 novembre 1970-17 janvier 1971

Un moment de bonheur

L'acte de création chorégraphique implique une étroite relation entre le «sculpteur» et sa «pâte à modeler», pour citer Roland Petit.

La rencontre éblouissante entre le chorégraphe et le danseur provoque le plus souvent un désir de création qui finit par s'imposer non pas comme un travail à accomplir mais comme un acte béni par l'inspiration.

Le Jeune Homme et la Mort était pour Babilée, *La Rose malade* pour Plissetskaïa, *Paradis perdu* pour Noureev, *La Dame de Pique* pour Baryshnikov qui, comme Herman, le héros de Pouchkine qu'il interprétait, était à la recherche du secret qui rend invincible, *Les Demoiselles de la nuit* pour Margot Fonteyn et *Carmen* pour Zizi.

C'est merveilleux de se trouver avec un danseur qui a envie de travailler avec vous. Vous êtes épris du travail que vous allez réaliser en commun et participez ensemble à ce que vous élaborez. Le danseur est la pâte à modeler, le chorégraphe le sculpteur. Quand

Jean Babilée dans *Le Jeune Homme et la Mort* en 1946.

où l'on s'enrichit soi-même au contact d'un corps et d'un esprit qui sont vos matières premières, on apprend à les découvrir, à les connaître pour finalement faire participer le danseur à la création.

C'est un acte physique, instinctif et réfléchi, un moment de bonheur. Dans ma vie ce sont ces moments qui ne changent pas, qui sont toujours nouveaux, des terrains à défricher, des paysages à découvrir avec toujours la même curiosité.

Être chorégraphe, c'est le bien-être profond de se découvrir en faisant découvrir à quelqu'un ce dont il est capable, et c'est à chaque fois différent, un danseur vous inspire de la violence, un autre du lyrisme, un autre de la tendresse ou du rire.

Quand j'ai fait *Les Demoiselles de la nuit* avec Margot Fonteyn, j'ai découvert une danseuse que l'on disait traditionnelle, et qui soudain prenait des risques. Je la sentais partir sur un fil en équilibre, et moi je l'hypnotisais pour qu'elle ne tombe pas. Pour faire danser *Carmen*, j'avais devant moi Zizi, pleine de fougue, de vitalité, m'apportant sa technique infaillible et son imagination en éveil, enfin elle était prête pour la grande aventure. [...]

Pour moi, la vraie chorégraphie, c'est le danseur qui en inspire le souffle, le rythme intérieur qui va engendrer le mouvement. Quand j'ai fait *Septentrion* dans les beaux décors de David Hockney, chaque jour après sa répétition, je voyais Rudy Bryans partir à la plage en maillot de bain sur sa moto. Dans la salle de répétition, c'est cette image que j'avais en tête, je l'imaginais plongeant dans l'eau claire des calanques de Marseille, je n'avais plus qu'à trouver la chorégraphie qui ferait de lui une divinité de la mer.

C'est comme cela que je préfère régler mes ballets, sans partir de notes préalables, sans faire non plus une paraphrase rythmique de la musique. Nous avons les cadences, les mélodies, les sensations que nous procure la musique qui chante en nous, et nous jouons avec elle en la perdant, la retrouvant, pour la perdre à nouveau ou au contraire en lui tournant autour pour finalement la prendre dans nos bras.

Roland Petit et Gérard Mannoni,
Roland Petit - Un chorégraphe et ses danseurs,
Éditions Plume, 1992

Maurice Béjart, la force animale

Genèse d'un chef-d'œuvre : en 1959, Béjart s'attelle au Sacre du printemps. *Il cherche l'idée de base et établit sa distribution.*

Je me mis à écouter tous les jours *Le Sacre*, rien que *Le Sacre* du matin au soir : j'ai dû user jusqu'à la corde trois ou quatre disques! En même temps, je décortiquais tant bien que mal la partition.

Il fallait d'abord trouver une idée. J'avais besoin d'un plan. La chorégraphie suivrait.

Au dos de la pochette du disque, on racontait la légende inventée par Stravinski et son ami Nicolas Roerich : tableaux de la Russie païenne. Je pensais que le printemps n'avait rien à voir avec des vieillards russes regardant une jeune fille comme si c'était Suzanne au bain. Et ça m'embêtait vraiment de finir par une mort, pour des raisons personnelles et parce que la musique indiquait tout le contraire.

Appelé à travailler avec des danseurs que je ne connaissais pas, je me disais que ce n'était pas le moment de multiplier les rôles de solistes et qu'il vaudrait mieux avoir des ensembles.

Ce fut ma première idée : ne multiplions pas les ensembles; il y en aura deux, les hommes d'un côté, les femmes de l'autre. Les hommes entoureront un homme; les femmes, une femme. Je raconterai l'histoire d'un couple. Pas un couple privilégié, mais n'importe quel couple, donc *le* couple. D'où vient chacun des deux et comment ils se rencontrent. Je n'en ferai ni des paysans russes, ni des bourgeois français, ni des bergers grecs. Ce seront des hommes et des femmes, point final.

On était en plein été, je fermais les yeux et je pensais au printemps, à cette force primitive qui fait surgir la vie partout.

J'avais obtenu de pouvoir choisir mes solistes. Germinal Casado serait l'homme. Il m'avait accompagné à Bruxelles, nous avions rayé ensemble le disque du *Sacre*.

En me souvenant d'Eurydice, je téléphonai à Tania Bari. Sans travail, elle était rentrée chez sa mère à Rotterdam. Je lui annonçai que j'allais monter Le *Sacre* à Bruxelles, qu'il fallait qu'elle vienne, qu'un contrat l'attendait. Je lui expliquai que j'allais faire, à une autre échelle, quelque chose dans le genre de «Tam-Tam», le tableau érotico-rythmé d'*Orphée*. Elle ne dit rien : elle arriva.

Je ne pouvais pas engager grand monde du défunt «Ballet-Théâtre de Maurice Béjart» (défunt? disons : dans le coma). Je fis venir Patrick Belda. Les autres s'égaillaient. Je me souviens que Mathé Souverbie avait trouvé un rôle dans un tour de chant de Marlène Dietrich dont Orson Welles réglait les lumières, dans «notre» théâtre de l'Étoile.

Je commençai tout de suite par la variation de l'Élue. Bari debout au milieu de la scène, un bras le long du corps et une main lui cachant un œil dans un geste d'orante. Des filles couchées autour d'elle, bras et jambes écartés, soulèveraient leur bassin comme des bourgeons qui sont prêts à s'ouvrir. C'était le début de la deuxième partie du *Sacre*.

Mon rêve était de créer ce ballet dans les grottes de Lascaux. J'ai lu depuis une très belle phrase d'un ethnologue : «J'ai l'intelligence néolithique.» Tel était alors l'état de mon esprit.

Les répétitions ne furent pas simples. La troupe n'était soudée par aucun passé commun. J'étais nerveux. Il m'arrivait de savoir mieux ce que je ne voulais pas que ce que je voulais. Il fallait empêcher les danseurs d'exprimer des sentiments personnels. À la limite, je voulais qu'ils aient l'air bête. Ils avaient à subir une force qui les dépassait. Il fallait qu'une partie des garçons excite les autres au combat, mais pas comme les chevaliers de la Table ronde, ni comme Robert Taylor dans *Ivanhoé* : comme des brutes. Il ne me fallait pas des garçons, il me fallait des cuisses, des poings, des rejets brusques de la tête. Il ne me fallait pas des bergères effarouchées ou des reines en exil, il me fallait des ventres et des dos creusés. [...]

J'ai de nombreux souvenirs d'engueulades, avec *Le Sacre*. C'est peut-être cette musique qui veut ça? Les danseurs éprouvent-ils plus de mal à se concentrer pour devenir «personne», des êtres primitifs et anonymes réduits à leurs corps, que pour se mettre dans la peau d'un rôle plus circonstancié?

Je me cramponnais à mon idée. Je voulais la force animale. J'avais vu, au hasard d'une séance de cinéma, un court métrage sur les cerfs : je me souvenais des cerfs en rut, des cerfs faisant l'amour. Ils étaient en mesure avec les rythmes de Stravinski!

Maurice Béjart,
Un instant dans la vie d'autrui,
Flammarion, 1979

Le Sacre du Printemps (ci-dessus), chef-d'œuvre quasi incontesté de Maurice Béjart.
Ci-dessous, le chorégraphe dirige une répétition de *1789... et nous)*.

Multimédia

À l'instar des autres arts du spectacle, la danse ne saurait rester indifférente au développement des nouvelles technologies. Elle a commencé par se dépouiller de ses décors à mesure que les éclairages se sophistiquaient. Après diverses tentatives d'intégrer des projections cinématographiques, elle trouve dans la vidéo un médium adapté à ses besoins. Mais le monde virtuel qu'ouvre l'ordinateur l'appelle déjà. Des logiciels permettent de fixer le mouvement comme le ferait une méthode de notation, et même de régler sur l'écran de nouvelles chorégraphies…

Du nouvel usage de la lumière

Alwin Nikolais pare la danse de somptueux éclairages ainsi que de projections qui rendent caduque la notion même de décor.

J'avais besoin d'éclairer une musicalité en mouvement plutôt qu'un drame narratif dansé. Auparavant, l'éclairage vertical du théâtre réaliste éclairait la scène, non le corps des danseurs. Il fallait désormais que la lumière éclaire le corps de tous côtés, et pas seulement du dessus. Entourer le danseur de lumières amena à concevoir celles-ci de telle sorte qu'elles ajoutent des effets cinétiques différents, non seulement aux mouvements du corps, mais aussi au temps et à l'espace. Je me rendis également compte que l'on pouvait aussi appliquer la multipolarité à l'éclairage, de façon à ajouter de nouvelles dimensions au temps et à l'espace.

Bien que cela fît intuitivement partie de mes préoccupations dès le début de mes nouvelles explorations, ce n'est qu'à la création de *Prism*, en 1956, que je m'efforçai en toute conscience de détruire l'illusion du temps réel, au théâtre, et de pénétrer dans une dimension totalement nouvelle. Avec *Prism*, j'utilisai plus directement la lumière et les motifs de couleurs en mouvement pour briser la barrière de la réalité. Là, le temps était libéré des prisons du rythme et des pulsations, car le rythme était aussi devenu une polarité, un fétiche indispensable de la danse. Mais c'est surtout une nouvelle utilisation de la lumière qui permit de créer ces nouvelles dimensions de temps et d'espace. À l'époque de *Prism* le «carrousel» (projecteur de diapositives avec commande à distance) n'avait pas encore été inventé. Cependant, en contrôlant minutieusement les différents types de projecteurs et leurs changements de couleurs, j'arrivais à obtenir des effets de couleur et d'espace faciles à modifier rapidement, de sorte qu'en coordonnant ces éclairages avec la chorégraphie en fonction desquels elle était conçue, j'obtenais une infinité d'illusions possibles.

Avec l'invention du carrousel, on exerçait un contrôle du temps, de l'espace et du mouvement qui permit une multitude d'effets. Libéré du réalisme temporel et spatial, je pouvais choisir mes effets. Alors que, précédemment, dans les spectacles de théâtre et de ballet, on baissait le rideau pour changer de décor, pour symboliser l'écoulement du temps ou pour montrer que l'action allait se dérouler dans un autre lieu, désormais j'étais libre d'évoluer d'image en image, sans me soucier de la vraisemblance, au point de pouvoir utiliser près de deux cents effets visuels différents en une demi-heure, dans des œuvres telles que *Scenario*, *Cross-Fade, Somniloquy, Echo.* L'art du ballet en était totalement transformé et les structures de la chorégraphie bouleversées. La projection d'effets lumineux sur le corps des danseurs créait l'illusion d'un espace où les mouvements, leurs vitesses et leurs directions semblaient multipliés. Dès lors, je devais prendre ces éclairages en considération dans mes chorégraphies et un monde nouveau s'offrait à moi et au ballet, mais ce qui importait encore plus était que de telles transformations dans les techniques scéniques permettaient désormais d'élaborer au théâtre une esthétique de l'abstrait.

Alwin Nikolais,
in André et Vladimir Hofmann,
Le Ballet,
traduit par Yves Simon,
Bordas, 1981

L'appui des nouvelles technologies

Quitte à renoncer à tout élément décoratif, la danse mise maintenant sur la vidéo, le laser et les dispositifs interactifs.

Le tournant du siècle est surtout celui des apports des technologies numériques et informatiques. En effet, l'une des forces les plus réactionnaires dans le domaine de la danse, paradoxalement, est celle qui veut voir dans le corps la résistance de la nature à l'état pur ou essentiel. Au nom de cette nature, comme au nom de la «pureté» de la technique classique parfois, est soutenue l'illusion d'une universalité du corps et du mouvement qui opère comme une hégémonie : il y aurait une seule vérité, une seule expérience, une seule nature de corps. C'est cette illusion de vérité qui étaye les modes disciplinaires les plus durs des écoles de danse ; c'est aussi elle qui emprisonne le plus efficacement la pensée des danseurs, à qui elle interdit d'entrevoir d'autres danses, d'autres gestes, d'autres pensées possibles.

Mais les nouvelles technologies mettent sérieusement à mal cette pseudo-universalité du corps naturel. Images virtuelles, cyborgs (mi-humains, mi-machines), prothèses, interfaces corps-machine… Les nouvelles technologies apportent une réelle redéfinition de la nature du corps, de ses contours et de ses limites. La danse n'a pas été la dernière à s'intéresser à ces nouvelles réalités : de Cunningham, qui donne aux danseurs de sa compagnie des partenaires virtuels flottant dans l'espace (*Biped*, 1999), à nombre de jeunes artistes qui manipulent des images réelles ou virtuelles, directement sur scène (Rachid Ouramdane…), le spectateur du XXe siècle s'accoutume à naviguer entre corps tangibles et corps immatériels, y compris dans les spectacles donnés dans des lieux traditionnels. Mais ces techniques nouvelles apportent aussi une refonte profonde des processus de création, de composition, et même de travail corporel : Cunningham, encore lui, utilise depuis 1989 le logiciel Lifeforms pour la composition de ses pièces. D'autres entreprennent de bouleverser leur expérience perceptive en jouant avec des capteurs sensoriels, modifiant radicalement notre compréhension de la façon dont le mouvement se fabrique. La notion même de spectacle est sérieusement entamée par la naissance d'œuvres chorégraphiques virtuelles, accessibles sur Internet, où la question du lieu et du temps de la représentation est entièrement redéfinie.

Loin d'effacer le corps, comme le voudraient leurs détracteurs, ces techniques nouvelles obligent à le repenser, le re-comprendre et le re-sentir.

Isabelle Ginot et Marcelle Michel
La Danse au XXe siècle,
© Larousse / VUEF 2002

Vidéo-danse : plus qu'un espace de travail

D'abord aide-mémoire du chorégraphe, la vidéo-danse se fait bientôt moyen d'expression à part entière.

L'histoire de la vidéo-danse est d'une certaine façon liée à l'histoire de la danse contemporaine. Dès les années soixante-dix un rapport qui deviendra de plus en plus étroit se met en place entre la danse et la vidéo; il s'agit de bien autre chose que la simple nécessité de garder des traces de chorégraphies ou de faire circuler des bandes dans un but commercial, c'est déjà la rencontre entre deux sensibilités, celle du chorégraphe et celle du réalisateur.

Dès lors la vidéo sera plus qu'un simple outil de travail, elle sera un art du regard, celui d'un auteur sur un autre auteur. En Europe dans les années soixante-dix, nous découvrions grâce à la vidéo les travaux de la «Kitchen», quant aux artistes, c'est bien plus tard qu'ils poseront le pied sur le vieux continent, les images avaient précédé les corps. L'expérience Atlas-Cunningham reste pour tous un modèle; avec ses cadrages déconcertants, Atlas fouillera l'écriture de Cunningham (l'équipe vidéo dirigée aujourd'hui par Elliot Caplan a déjà produit vingt-deux films à partir du répertoire de la compagnie).

Par ses propositions Atlas écrit de nouveaux déplacements, inaugure les rapports spécifiques entre le temps et l'espace, comme le dit Claude Mourieras : «Atlas ne copie pas la danse de Cunningham, il la comprend.» En effet Atlas connaît la danse, il ne se laisse que rarement surprendre par elle, pour produire l'effet spatial désiré, tout est filmé trois fois : de gauche, de droite, de face; il restitue la force de la danse dans les diagonales changeantes, la saisit là où elle n'est déjà plus.

En 1981, Atlas tourne *Parafango* avec Karole Armitage; poursuivant ses recherches, il colle à la vitesse, ouvre un champ de questionnements illimité; sans certitudes il produit des images, sans repères, brouille les pistes.

La danse se déploie alors dans une sorte de «vocabulaire électronique», elle en ressort enrichie. Les documents produits constituent une approche nouvelle de la chorégraphie, plus qu'un simple archivage. Le petit écran reste cette fenêtre cadrée qui ne nous donne qu'une parcelle du plus grand espace, celui qui est derrière, disparu pour notre regard, espace où fourmillent mille vibrations.

Geneviève Vincent,
«Vidéo-Danse», in *Impressions Danse*,
Centre Georges-Pompidou/
Intermedia, 1988

Chorégraphier l'ordinateur

De tous les chorégraphes, Merce Cunningham est sans doute le plus intéressé par les perspectives qu'ouvre le virtuel.

Raphaël de Gubernatis : Merce Cunningham, voilà plusieurs années que des scientifiques ont mis au point pour vous un ordinateur dont vous vous servez pour réaliser vos chorégraphies. Comment procédez-vous?
Merce Cunningham : Je travaille sur une figure anthropomorphe qui apparaît sur l'écran et à laquelle j'applique des mouvements que je peux modifier en faisant jouer ses articulations, ainsi que les peintres le font avec ces figurines de bois dont ils disposent pour représenter les personnages de leurs futurs tableaux. Tout cela obéit évidemment aux lois qui régissent le corps humain. Ces mouvements ainsi trouvés séparément, j'en joue aux dés l'enchaînement qui sera ainsi aléatoire et m'évitera de tomber dans l'ornière de la répétition involontaire en échappant à toute logique humaine. De même, je joue aux dés le nombre d'interprètes qui les exécuteront et l'emplacement qu'ils occuperont sur la scène. Cette scène, je la fais elle aussi apparaître sur l'écran. J'y dispose et j'y mets en mouvement les figures des danseurs de façon à voir à quoi ressemblera la chorégraphie dont je peux sans cesse modifier le cours, tout en gardant des traces visuelles. C'est un travail extrêmement complexe, mais qui simplifie aussi énormément la tâche du chorégraphe tout en lui permettant la plus grande précision dans ses compositions.»

«Cunningham le jeune»,
Le Nouvel Observateur n° 1671,
14 novembre 1996

BIBLIOGRAPHIE

Ouvrages généraux

- *Ballet et danse moderne*, Nathan, Paris, 1976.
- J. Baril, *La Danse moderne, d'Isadora Duncan à Twyla Tharp*, Vigot, Paris, 1977.
- S. Banes, *Terpsichore en baskets – Post modern dance*, Chiron, Paris, 2002.
- R. Buckle, *Diaghilev*, Jean-Claude Lattès, Paris, 1980.
- C. Dodd, *Le Monde du ballet*, Elsevier Sequoia, Paris/Bruxelles, 1980.
- M. Febvre, *Danse contemporaine et théâtralité*, Chiron, Paris, 1995.
- L. Garafola, *Diaghilev's Ballets Russes*, Oxford University Press, 1989.
- B. Häger, *Ballets suédois*, Denoël, Paris, 1989.
- A. et V. Hofmann, *Le Ballet*, Bordas, Paris, 1981.
- Ph. Le Moal, *Dictionnaire de la danse*, Larousse, Paris, 1999.
- M. Lloyd, *The Borzoï Book of Modern Dance*, Dance Horizons, New York, 1974.
- R. A. Long, *The Black Tradition in American Dance*, Rizzoli, New York, 1989.
- D. McDonagh, *The Rise and Fall and Rise of Modern Dance*, New American Book, New York, 1971 ; *Complete Guide to Modern Dance*, Popular Library, New York, 1977.
- M. Michel et I. Ginot, *La Danse au XXe siècle*, Bordas, Paris, 1995.
- J. Morrison Brown, *The Vision of Modern Dance*, Dance Books, Londres, 1980.
- *Post-modern Dance*, L'Avant-Scène Ballet Danse, avril/juillet 1980.
- J. Robinson, *L'Aventure de la danse moderne en France (1920-1970)*, Éditions Bougé, Paris, 1990.
- E. Souritz, *Soviet Choreographers in the 1920s*, Dance Books, London, 1990.
- V. Stewart et M. Armitage, *The Modern Dance*, Dance Horizons, New York, 1970.
- W. Terry, *The Dance in America*, Harper & Row, New York, 1971.

Monographies et ouvrages spécialisés

- M. Andritzky et Th. Rautenberg, *Wir sind nackt und nennen uns Du. Eine Geschichte der Freikörperkultur*, Anabas, Giessen, 1989.
- S. Banes, *Terpsichore en Baskets – post-modern dance*, Chiron, Paris, 2002.
- R. Boisseau, *Panorama de la danse contemporaine*, Textuel, Paris, 2006.
- T. Brown, *L'Atelier des chorégraphes*, Éditions Bougé, Paris, 1987.
- R. Buckle, *George Balanchine Ballet Master*, Random House, New York, 1988.
- J. Cage (entretiens avec D. Charles), *Pour les oiseaux*, Belfond, Paris, 1976.
- Chr. Conrad, *Jerome Robbins – That Broadway Man*, Booth-Clibborn, London, 2000.
- Fr. Cruz, *Angelin Preljocaj – Topologie de l'invisible*, Naïve, Paris, 2008.
- M. Cunningham (entretiens avec J. Lesschaeve), *Le Danseur et la Danse*, Belfond, Paris, 1980.
- *Danse 1982-1992 : dix ans de développement de l'art chorégraphique*, RMN, Paris, 1993.
- G. Delahaye, *Pina Bausch*, Actes Sud, Paris, 2007.
- G. Detaille et G. Mulys, *Les Ballets de Monte-Carlo 1911-1944*, Éditions Arc-en-Ciel, Paris, 1954.
- D. Dobbels, *Martha Graham*, Éditions Bernard Coutaz, Arles, 1990.
- A Dollfus, *Noureev l'insoumis*, Flammarion, Paris, 2007.
- D. Duncan, *Life into Art : Isadora Duncan and her World*, Norton, New York, 1993.
- *Écrits sur Nijinsky. La Recherche en danse*, Chiron, Paris, 1992.
- D. Frétard, *Danse contemporaine – Danse et non-danse*, Cercle d'art, Paris, 2004.
- V. Garcia-Marquez, *Colonel de Basil's Ballets Russes de Monte-Carlo 1932-1952*, Knopf, New York, 1990.
- V. Garcia-Marquez, *Massine. A Biography*, Knopf, New York, 1995.
- I. Ginot, *Dominique Bagouet, un labyrinthe dansé*, Centre national de la danse, Paris, 1999.
- M.Graham, *Mémoire de la danse*, Actes Sud, Arles, 1992.
- J. Hodgson et V. Preston-Dunlop, *Introduction à l'œuvre de Rudolf Laban*, Actes Sud, Arles, 1991.
- J. Klosty, *Merce Cunningham*, Dutton & Co., New York, 1975.
- R. Kostelanetz, *Merce Cunningham : Dancing in Space and Time*, Da Capo, New York, 1998.
- R. Laban, *La Maîtrise du mouvement*, Actes Sud, Arles, 1994.
- J. Laurent et J. Sazonova, *Serge Lifar, rénovateur du Ballet français*, Buchet-Chastel Corria, Paris, 1960.

- G. Lista, *Loïe Fuller, danseuse de la Belle Époque*, Stock-Somogy, 1994.
- G. Mannoni, *Roland Petit*, L'Avant-Scène Ballet Danse, 1984 ; *Maurice Béjart*, idem, 1985.
- A. et H. Markard, *Jooss*, Ballett Bühnen Verlag, Cologne, 1985.
- *Merce Cunningham – John Cage*, L'Avant-Scène Ballet Danse, septembre/novembre 1982.
- C. Masson et G. Mannoni, *Maurice Béjart*, Éditions Plume, Paris, 1991.
- M. Michel et I. Ginot, *La Danse au XXe siècle*, Larousse, Paris, 1998
- H. Müller, *Mary Wigman. Leben und Werk der grossen Tänzerin*, Beltz, Berlin, 1992.
- *Pour la Danse : spécial années 80*, Paris, décembre 1989.
- N. Servos, *Pina Bausch ou l'art de dresser un poisson rouge*, L'Arche, Paris, 2001.
- W. Terry, *Frontiers of Dance. The Life of Martha Graham*, Crowell, New York, 1975 ; *Ted Shawn. Father of American Dance*, The Dial Press, New York, 1976.
- D. Vaughan, *Merce Cunningham*, Plume, Paris, 1998.
- P. Veroli, *Clotilde e Alexandre Sakharoff. Un mito della danza*, Ediz. Bora, Bologne, 1991.
- P. Watson, *Nureyev – A Biography*, Hodder & Stoughton, London, 1994.

CHRONOLOGIE

1910. *L'Oiseau de feu* (Fokine), Paris.
1912. *L'Après-midi d'un faune* (Nijinski), Paris.
1913. *Le Sacre du printemps* (Nijinski), Paris.
1914. Publication des principes de Fokine dans *The Times*, Londres.
1917. *Traüme* (Wigman), Zurich.
Der Sang an die Sonne (Laban), Ascona.
1918. *Light of Asia* (Ruth St Denis).
1921. *Die Sieben Tänze des Lebens* (Wigman), Francfort.
1922. *Ballet triadique* (Schlemmer), Stuttgart.
1923. *Les Noces* (Nijinska), Paris.
1924. *Relâche* (Börlin), Paris. *Le Tourbillon rouge* (Goleizovski), Moscou.
1925. *Ishtar of the Seven Gates* (St Denis), Rochester.
1928. *Apollon Musagète* (Balanchine), Paris.
1929. *Heretic* (Graham), New York.
1930. *Lamentation* (Graham), New York.
1931. *The Shakers* (Humphrey), New York.
1932. *La Table verte* (Jooss), Paris.
1933. Publication de *The Modern Dance* de John Martin, New York.
1934. *Sérénade* (Balanchine), New York.
Les Présages (Massine), Monte-Carlo.
1935. Publication du *Manifeste du chorégraphe* de Serge Lifar, Paris. *Icare* (Lifar), Paris.
Kinetic Molpaï (Shawn), Jacob's Pillow.
1936. *Vom Tauwind und der neuen Freude* (Laban), Berlin.
1937. *A Wedding Bouquet* (Ashton), Londres.
1940. *Roméo et Juliette* (Lavrovski), Léningrad.
1942. *Pillar of Fire* (Tudor), New York.
1943. *Suite en blanc* (Lifar), Paris.
1944. *Fancy Free* (Robbins), New York.
Appalachian Spring (Graham).
1945. *Le Jeune Homme et la Mort* (R. Petit), Paris. *Cendrillon* (Zakharov), Moscou.
1947. *Night Journey* (Graham), New York.
Les Mirages (Lifar), Paris.
1949. *The Moor's Pavane* (Limon), New York.
Carmen (R. Petit), Londres.
1950. *Miss Julie* (Cullberg), Västeras (Suède).
1953. *Masks, Props and Mobiles* (Nikolais).
1955. *Symphonie pour un homme seul* (Béjart), Paris.
1957. *West Side Story* (Robbins), New York.
1958. *Summerspace* (Cunningham), Connecticut College.
1959. *Le Sacre du printemps* (Béjart), Bruxelles.
1960. *Révélations* (Ailey), New York.
1961. *Boléro* (Béjart).
1963. *Marguerite et Armand* (Ashton), Londres.
1965. *How to Pass, Kick, Fall And Run* (Cunningham). *Onegin* (Cranko), Stuttggart.
1967. *Blueprint* (M. Monk), New York.
1973. *Group Primary Accumulation* (T. Brown), New York.
1975. *Le Sacre du printemps* (P. Bausch), Wuppertal. *Dritte Sinfonie von Gustav Mahler* (Neumeier), Hambourg.
1976. *Push Come to Shove* (Tharp), New York.
Wind, Water, Sand (C. Carlson), Paris.
1978. *Symphonie de psaumes* (Kylian).
Kontakthof (P. Bausch).
1983. *Rosas danst Rosas* (de Keersmaeker).
1984. *Déserts d'amour* (Bagouet).
1988. *Impressing the Tsar* (Forsythe).
1994. *Still/Here* (B. T. Jones), Lyon.
1995. *Swan Lake* (Mattew Bourne), Londres.
1997. *Zweiland* (Sasha Waltz), Berlin.
2001. *Je suis sang* (Jan Fabre), Barcelone.

TABLE DES ILLUSTRATIONS

COUVERTURE

OUVERTURE

CHAPITRE 1

CHAPITRE 2

CHAPITRE 3

CHAPITRE 4

88b Margot Fonteyn et Léonide Massine, *Le Tricorne*, 1946/1947.
89 La Argentina, *Le Tricorne*. BOG.
90h Marie Rambert et une élève.
90b The Sadler's Wells Ballett Company, 1931.
91 Margot Fonteyn, 1937.
92 Balanchine et Robbins en répétition du ballet *Pulcinella*. Photo M. Swope.
93g Balanchine en répétition, théâtre des Champs-Élysées, juin 1955.
93d *Apollon musagète*, 1993.
94 et 95g *West Side Story*, photo du film de Wise et Robbins, 1961.
95d Affiche d'une exposition consacrée à Robbins, Ben Shahn, Londres, 1959. Museum of Modern Art, New York.
96 Rudolf Noureev.
97 J. Babilée, *Le Jeune Homme et la Mort*, sept. 1946.
98-99 Béjart, *Notre Faust*, 1976.
99g S. Guillem, *Boléro*.
99m J. Donn, *I Trionfi di Petrarca*, 1974.
99d P. Dupond, *Symphonie pour un homme seul*.
100h *Le Songe d'une nuit d'été,* chorégraphie de John Neumeier, avec Delphine Moussin, Opéra Garnier, 25/6/2001
100b *Nijinsky,* chorégraphie de John Neumeier, avec Jiri Bubenicek et Anna Polikarpova, Ballet de Hambourg, Opéra Garnier, 17/1/2003.
101 *Notre Dame de Paris*, chorégraphie de Roland Petit avec Manuel Legris et Marie-Agnès Gillot, Opéra Garnier, 3/10/2001.
102-103 *Bella Figura*, chorégraphie de Jiri Kylian, avec Laetitia Pujol et Muriel Zusperreguy, Opéra Garnier, 14/11/2002.

CHAPITRE 5

104 *Shijima* de Sankaï Juku, Théâtre de la Ville, 3/10/1988.
105 *Hermann Schmermann*, Frankfurt Ballett, W. Forsythe.
106h *Another Story as in Falling*, compagnie Trisha Brown.
106b Affiche du Black Power éditée à l'occasion de la mort de Martin Luther King, avril 1968.
107h *Experiments in Environment*, Anna Halprin, 1967.
107b Trisha Brown.
108 *Trio* A, Y. Rainer, 1970.
109 *Roof Piece*, T. Brown.
110 et 111 *Einstein on the Beach*, R. Wilson, Bobigny, 10/12/1992.
112h *In the Upper Room*, T. Tharp, Opéra Garnier, 15/10/1993.
112b Scène du film *Hair* de Milos Forman.
113 *Stabat Mater*, compagnie Pilobolus.
114h *Tango* de Merce Cunningham, 1978.
114b *Netsu No Katachi* de Sankaï Juku, 1984.
115 *Liturgies*, Nikolais Dance Theater.
116h *Des Horizons perdus*, chorégraphie de Hervé Robbe, avec Alexia Bigot, Théâtre de la Ville, Paris, 29/10/2002.
117b Carolyn Carlson, chorégraphe et interprète de *Il vuoto dell'aqua* d'après Gianni de Luigi, Théâtre Silvia Monfort, Paris, 2001.
118 *KOK*, R. Chopinot.
118-119 *May B*, compagnie Maguy Marin.
119d Personnage d'*Ulysse*, compagnie Jean-Claude Gallotta.
120g *Limb's Theorem*, Forsythe.
120-121 A. Laguna dans *Giselle*.
121d *Ennemy in the Figure*, Forsythe.
122 *Carmen*, Karine Saporta.
123 *Parrots and Guinea Pigs*, chorégraphie de Jan Fabre, Théâtre de la Ville, Paris, 25/11/2002.
124b *Dix Versions*, chorégraphie de Mourad Merzouki, compagnie Käfig, Théâtre national de Chaillot, Paris, 7/6/2001.
125h *Notre-Dame de Paris*, Palais des Congrès, Paris, 6/10/1998.
126 *Körper*, chorégraphie de Sacha Waltz, Théâtre de la Ville, Paris, 23/5/2000.
127b Carton d'invitation, première de *Secret Pastures*, Keith Haring, BAM Opera House, 1984.
126-127 *Still/Here*, avec Arthur Avilès, Biennale de Lyon, 14/9/1994.
128 *Air*, avec Jérémie Belingard, Opéra Garnier, Paris, 2003.

TÉMOIGNAGES ET DOCUMENTS

129 *Gallery*, Nikolais Dance Theater.
130 Balanchine en répétition au Théâtre des Champs-Élysées, juin 1955.
131 Trisha Brown Dance Company, Théâtre de la Ville, déc. 1991.
132 *Poeme Dance*, avec P. Bausch et I. Neumann, 23/04/1971.
134 Isadora Duncan. BOG.
137 *Icare*, avec Lifar, Opéra Garnier, mai 1936.
138 M. Graham, années 1940.
139 *Five Stone Wind*, compagnie Merce Cunningham, 1988.
141 *Triad*, costume d'après les dessins de Schlemmer.
142 J. Babilée, *Le Jeune Homme et la Mort*, sept. 1946.
145h *Le Sacre du printemps*, Ballet de Tokyo, palais des Sports, Paris, 22/10/1996.
145b Béjart en répétition, 1989.
149 Merce Cunningham.

INDEX

A

B

C

D

CRÉDITS PHOTOGRAPHIQUES

AKG 60, 61, 65h, 66, 67h, 68g, 69, 74-75, 75d, 132. Archives Suisses de la Danse 63. Bernand/P. Gely, 124, 125. Bibliothèque nationale de France 12, 14, 15, 16, 18g, 20, 21, 22, 23, 24, 26, 27, 28, 29, 30, 31, 34, 35, 36, 39, 40, 47, 49b, 51d, 67b, 72h, 86, 89, 134. Trisha Brown Company/Ker Probst 107b. Christophe L. 52-53, 52b, 112b. Merce Cunningham Dance Company/Jed Downhill 37. Merce Cunningham Dance Company/Michael O'Neill 57d. Merce Cunningham Dance Company/Richard Rutledge 56. Merce Cunningham Dance Company/Terry Stevenson 149. Merce Cunningham Dance Company/Nathaniel Tileston 114 h. Dagli-Orti 13, 25. D.R. 64, 65d, 70, 71g, 84-85, 107h. Dansmuseet, Stockholm 32, 33b. Marc Enguerand 59d. Enguerand/Cibille 114b. Enguerand/Colette Masson 1er plat, dos, 2e plat, 1, 2-3, 4, 5, 6-7, 8, 54-55, 58, 78, 80, 82, 93d, 98-99, 100h, 100b, 101, 102-103, 112h, 117, 128, 139, 145h. Enguerand/Pacciani/Masson 22-23, 79. Enguerand/Rault 113. Enguerand/T. Jeanne Valès 9, 11, 76, 77, 104, 106h, 107h, 116, 123, 126-127h. Fotogram-Stone Images 44-45, 91.Giraudon/Bridgeman 18d. Giraudon/Lauros 59g. Grand Théâtre de Genève/N. Lieber 32-33. Courtesy of Philip Morris Incorporated 127 b. The Hulton Deutsch Collection 88b. The Hulton Getty Picture Collection 90. L'Illustration/Sygma 87. Keystone 41 b, 43 b, 53, 62b, 96, 106b. Magnum/Erich Lessing 71d. New York Public Library 19, 42, 43h. Nikolais Dance Theater/Peter Koletzka 115. Nikolais Dance Theater/Jack Vartoogian 129. Laurent Philippe 105, 106h, 110, 111, 118, 119, 120g, 121d, 122. PPCM/Corbis-Bettmann 46, 48, 49h, 50-51, 51g, 138. Riksteatern de Solna 120-121. Roger-Viollet 93g. Viollet/Lipnitzki 57g, 97, 131, 137, 142. Sygma 38, 145b. Martha Swope 92. Gert Weigelt 81, 141.

ÉDITION ET FABRICATION

DÉCOUVERTES GALLIMARD
COLLECTION CONÇUE PAR Pierre Marchand.
DIRECTION Élisabeth de Farcy.
COORDINATION ÉDITORIALE Anne Lemaire.
GRAPHISME Alain Gouessant.
COORDINATION ICONOGRAPHIQUE Isabelle de Latour.
SUIVI DE PRODUCTION Géraldine Blanc.
SUIVI DE PARTENARIAT Madeleine Giai-Levra.
RESPONSABLE COMMUNICATION ET PRESSE Valérie Tolstoï. PRESSE David Ducreux.

LA DANSE. DES BALLETS RUSSES À L'AVANT-GARDE
ÉDITION Caroline Larroche et Bertrand Mirande-Iriberry.
ICONOGRAPHIE Frédéric Mazuy et Claire Balladur.
MAQUETTE Jacques Le Scanff et Valentina Leporé.
LECTURE-CORRECTION Jocelyne Moussart.
PHOTOGRAVURE Azer.

Jean Pierre Pastori préside la Médiathèque suisse de la danse.
Parmi la vingtaine d'ouvrages à son actif figurent des études historiques (*L'Homme et la Danse*, Vilo, 1981 ; *Renaissance des Ballets Russes*, Favre, 2009), des essais (*La Danse des vifs*, L'Âge d'homme, 1977), des portraits d'artistes (*Patrick Dupond*, Favre, 1982 ; *Eric Vu-An*, Favre, 1989), cinq albums sur Maurice Béjart (*Le Tournant*, Favre, 1987 ; *Cap Rudra*, Plume, 1992 ; *Béjart Ballet Lausanne : 10 ans de création*, BBL, 1997 ; *Béjart Ballet Lausanne : 20 ans*, BBL, 2006 ; *Béjart secret*, photographies de M. Imsand, Favre, 1997) et des recueils d'entretiens (*Roland Petit – rythme de vie*, La Bibliothèque des arts, 2003 ; *Charles Dutoit – Musique du monde*, La Bibliothèque des arts, 2007).

Ce livre est une édition remaniée de l'ouvrage
La danse. Des Ballets russes à l'avant-garde, paru dans la collection
Découvertes Gallimard en 1997.

1er dépôt légal : octobre 1997
Dépot légal : juin 2009
Numéro d'édition : 154229
ISBN : 978-2-07-030422-6
Imprimé en France par Pollina - n°50526